Claude AUGE & Maxime PETIT

Livre Préparatoire

D'HISTOIRE

DE

FRANCE

Leçons. Lectures.

Résumés.

Élocution.

Questionnaires.

200 GRAVURES

10 Tableaux.

15 Cartes

dont 6 en couleurs.

Adopté pour les Écoles de Paris
et inscrit sur toutes
les listes départementales.

PARIS. — LIBRAIRIE LAROUSSE
13-17, RUE MONTPARNASSE (6e).

Prix : 70 cent.

Histoire en Images, à l'usage des tout petits (140 gravures) . . . » fr. 50
Premier Livre d'Histoire de France (330 gravures) . . . » fr. 90
Deuxième Livre d'Histoire de France (560 gravures) . . . 1 fr. 50

Livre Préparatoire

D'HISTOIRE

DE FRANCE

PAR

Claude AUGÉ & Maxime PETIT

Leçons. — Lectures.

Résumés. — Questionnaires et Élocution d'après l'image.

200 Gravures.

10 Tableaux et 15 Cartes, dont 6 en couleurs.

CENT TROISIÈME ÉDITION

PARIS

LIBRAIRIE LAROUSSE

13-17, rue Montparnasse (6e)

Succursale : Rue des Écoles, 58 (Sorbonne)

PRÉFACE

Il est plusieurs manières d'enseigner l'histoire à de tout jeunes enfants. On peut se borner à leur raconter un certain nombre de faits choisis au hasard et susceptibles de frapper leur imagination, sans se préoccuper de graver dans leur esprit la suite des événements. Ce système peut les intéresser, mais il ne leur donne pas l'impression nécessaire et salutaire que les nations, comme les hommes, ont une vie dont les phases sont inséparables, parce qu'elles découlent logiquement l'une de l'autre.

L'enfant qui a déjà appris des biographies isolées est incapable de les placer dans le cadre des événements, de les cataloguer dans le temps et dans l'espace. Sans prétendre lui donner ici un tableau complet de notre histoire, nous nous sommes donc efforcés de lui montrer la succession des faits, de le mettre à même de comprendre comment notre patrie s'est formée et développée à travers les siècles.

Si nous avions à donner aux maîtres un avis sur la méthode à suivre pour questionner les débutants, nous leur conseillerions de procéder dans l'ordre que voici : Étant donné un règne, par exemple, on demanderait le siècle dans lequel il se classe, les dates extrêmes entre lesquelles il est compris, l'énumération des événements qui le caractérisent, le récit des principaux de ces événements. Cela fait et lorsqu'on se sera bien assuré que la leçon même est bien sue, on reprendra un à un les points saillants et on s'efforcera d'en faire ressortir : 1° les causes; 2° les résultats.

Les illustrations dont chaque page est ornée sont accompagnées d'une légende explicative; quelques-unes même sont le sujet d'exercices d'élocution, qui feront repasser à l'élève les grands faits de la leçon, en même temps qu'elles lui apprendront à réfléchir, à juger, à étudier d'après l'image. Le dessin complète donc utilement le texte et n'est pas là seulement pour le plaisir de l'œil.

Nous avons indiqué, au haut de chaque page, la carte où l'enfant trouvera les noms géographiques employés dans la leçon ou dans la lecture.

N. B. — **Le Premier Livre d'Histoire de France,** *publié à la Librairie Larousse, fait suite au présent ouvrage.*

Mes chers Enfants,

La France n'a pas toujours été instruite, riche et prospère, comme aujourd'hui. Elle s'est formée lentement, elle a grandi peu à peu, et elle a fini par devenir l'un des plus grands États du monde.

En étudiant l'histoire, vous apprendrez à connaître tous ceux qui ont fait la patrie française : les généraux qui ont gagné des batailles, les hommes qui ont gouverné notre pays, les écrivains et les artistes qui ont immortalisé le génie de notre race. Vous verrez que si la France est puissante et respectée, c'est qu'elle n'a jamais désespéré après les plus dures épreuves.

La gloire de la France a été lentement et chèrement acquise : vous avez le droit d'en être fiers, mais vous avez le devoir d'en être dignes. Pour cela, vous ne sauriez de trop bonne heure apprendre, par les exemples de l'histoire, l'amour du travail et le dévouement à la patrie.

HISTOIRE DU COSTUME MILITAIRE

Liv. Prép. H. F.

Le *village gaulois* était bâti dans les forêts, au bord de l'eau. Les cabanes rondes, faites de planches, d'osier et de terre, étaient recouvertes de chaume.

Gaulois tenant son épée et son bouclier.

CHAPITRE PREMIER. — LA GAULE.

LEÇON. — *La Gaule.*

1. La Gaule. — Autrefois, la France portait le nom de *Gaule*, et ses habitants s'appelaient *Gaulois*.

2. Ses bornes. — La Gaule était plus grande que la France. Elle avait pour limites : la mer du Nord, la Manche, l'Océan Atlantique, les Pyrénées, la Méditerranée, les Alpes et le Rhin. (*V. carte, page 7.*)

3. Son aspect. — La Gaule était couverte de marécages et de forêts remplies d'animaux sauvages ; elle était moins riche, moins peuplée et moins bien cultivée que la France. Il n'y avait point de routes, mais de petits sentiers pour aller d'un village à l'autre.

LECTURE. — *Les Gaulois.*

4. Les Gaulois étaient grands et robustes ; ils aimaient beaucoup la guerre et la chasse. Leur courage était célèbre : ils n'avaient peur de rien. Les jours d'orage, ils lançaient des flèches en l'air pour braver le tonnerre. Quand la mer montait, ils marchaient au-devant des flots pour les combattre, le sabre à la main.

Les Gaulois firent de nombreuses expéditions. En 390 avant J.-C., ils s'emparèrent de Rome, ville très puissante de l'Italie.

Leurs prêtres, appelés *Druides,* vivaient dans les forêts ; c'étaient les seuls hommes savants de la Gaule. Leur grande fête était la cueillette du *gui,* plante toujours verte qui croît sur les chênes.

Questionnaire. — 1. Quel nom portait la France autrefois ? — Comment appelait-on ses habitants ? — 2. La Gaule était-elle plus grande que la France ? — Quelles étaient ses limites ? — 3. Quel était son aspect ? — Etait-elle riche, peuplée, cultivée ? — Y avait-il des routes ? — 4. Comment étaient les Gaulois ? — Qu'aimaient-ils ? — Etaient-ils braves ? — Que faisaient-ils les jours d'orage ? Et quand la mer montait ? — Firent-ils des expéditions ? — Comment s'appelaient leurs prêtres

Élocution. — Que représente ce tableau? — Où est Vercingétorix? — Que vient-il faire? — Où est César? — Quels soldats voit-on? — Quelle est la ville que l'on aperçoit au loin, à gauche?

LEÇON. — *Conquête de la Gaule.*

1. Désunion des Gaulois. — Les Gaulois ne s'entendaient pas entre eux; ils se faisaient souvent la guerre. Un jour, ceux qui avaient été vaincus appelèrent les Romains à leur secours.

2. Les Romains en Gaule. — Les Romains virent que la Gaule était un beau pays. Quand ils y furent entrés, ils ne voulurent plus en partir, et s'établirent dans le bassin du Rhône.

3. Conquête de la Gaule. — Un célèbre général romain, Jules César, voulut même s'emparer de toute la Gaule. Vercingétorix, jeune chef gaulois, combattit courageusement contre lui. Mais les Romains savaient bien faire la guerre. Assiégé dans Alésia, Vercingétorix dut se rendre (en 52 av. J.-C.), et les Romains conquirent toute la Gaule après une lutte de huit ans.

LECTURE. — *Vercingétorix et César.*

4. Vercingétorix s'étant enfermé dans Alésia, les Romains vinrent aussitôt faire le siège de cette ville.

Au bout de quelques jours, les Gaulois n'eurent plus rien à manger : ils mouraient de faim. Ému de pitié, Vercingétorix se dévoua pour sauver ses soldats. Il monta sur son plus beau cheval, revêtit sa plus riche armure, et se rendit seul au camp de César. Sans rien dire, il jeta aux pieds du vainqueur son casque et son épée.

César se montra cruel : il mit en prison Vercingétorix, et, au bout de six ans de captivité, il le fit mettre à mort.

Questionnaire. — 1. Est-ce que les Gaulois vivaient unis? — Qui les vaincus appelèrent-ils à leur secours? — 2. Que firent les Romains quand ils furent entrés en Gaule? — 3. Quel est le général romain qui voulut s'emparer de la Gaule? — Qui lui résista? — Où se rendit Vercingétorix? — Combien de temps dura la conquête de la Gaule? — 4. Racontez comment Vercingétorix se rendit.

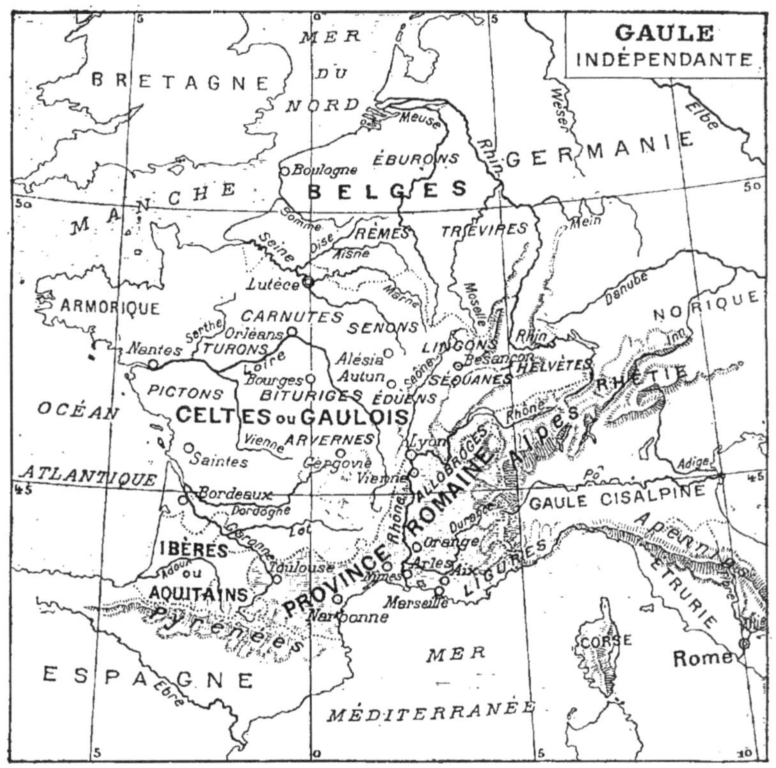

UN COMBAT SOUS ALÉSIA

Élocution. — Que représente le tableau ci-dessus? — Entre quels peuples fut livré ce combat? — Distinguez les Gaulois des Romains. — Quel est le général romain qui assiégait Alésia ? — Quel est le chef gaulois qui défendait la ville ? — Qui fut vainqueur ? — Montrez *Alésia* sur la carte.

LEÇON. — *Gaule romaine et Gaule chrétienne.*

1. La Gaule romaine. — Après la conquête de la Gaule, les Romains furent les maîtres de ce pays pendant quatre cents ans. Ils y construisirent des monuments, des ponts et des arènes ; ils tracèrent des routes et desséchèrent les marais. Le commerce se développa.

· Pont du Gard ou aqueduc de Nîmes construit par les Romains.

2. Les Gallo-Romains. — Peu à peu, les Gaulois adoptèrent la langue et la manière de vivre des Romains. C'est pour cela qu'on les appela *Gallo-Romains*.

3. Le christianisme. — Au IIe siècle, le christianisme fut prêché en Gaule. Les premiers chrétiens furent persécutés par les Romains, qui étaient païens ; mais, malgré les supplices, la religion de Jésus-Christ se répandit bien vite dans la Gaule tout entière.

LECTURE. — *Les Persécutions.*

4. Les premiers chrétiens furent cruellement persécutés. L'évêque de Lyon, saint Pothin, injurié et maltraité par la foule, mourut sous les coups.

Une jeune fille de dix-sept ans, sainte Blandine, fut attachée à un poteau au milieu des arènes et livrée aux bêtes féroces, qui ne la touchèrent pas. On l'enferma alors dans un filet, et on l'abandonna aux coups

CIRQUE ROMAIN. — Combat d'un gladiateur contre un lion.

d'un taureau furieux, qui la lança en l'air avec ses cornes.

Saint Denis, premier évêque de Paris, eut la tête tranchée.

Il y eut ainsi beaucoup de chrétiens qui payèrent de la vie leur fidélité à la religion du Christ.

Questionnaire. — 1. Combien de temps les Romains gouvernèrent-ils la Gaule ? — Que construisirent-ils ? — 2. Les Gaulois prirent-ils les mœurs des Romains ? — Comment les appela-t-on ? — 3. Quand le christianisme fut-il prêché en Gaule ? — Comment furent traités les premiers chrétiens ? — Est-ce que les supplices empêchèrent le christianisme de se répandre ? — 4. Comment moururent : saint Pothin ? sainte Blandine ? saint Denis ? — Montrez *Nîmes, Lyon* sur la carte.

Élocution. — Une troupe de Francs passe le Rhin; d'où viennent ces Francs? — Où vont-ils? — Quelles sont leurs armes? — Qu'est-ce que le Rhin? — Montrez la *Germanie* et le *Rhin* sur la carte.

LEÇON. — *Invasion de la Gaule.*

1. Les invasions. — L'empire romain était devenu si vaste que, bientôt, il n'eut plus assez de soldats pour défendre ses frontières.

C'est alors que des peuples barbares, venus des pays du nord et de l'est, envahirent l'empire romain.

2. Les Barbares en Gaule. — Trois de ces peuples, qui habitaient la Germanie, vinrent s'établir en Gaule : les Wisigoths au sud, les Bourguignons à l'est, et les Francs au nord. Les Gallo-Romains n'occupèrent plus que le centre du pays.

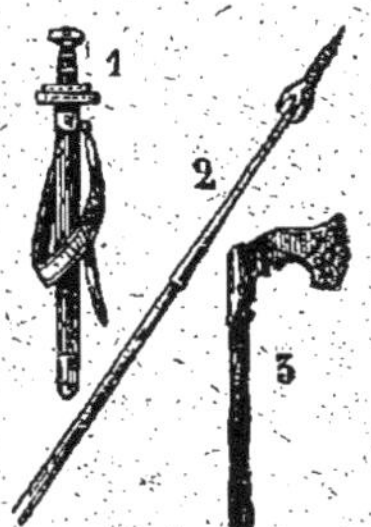

LECTURE. — *Les Francs.*

3. Les Francs aimaient beaucoup la guerre; ils se battaient avec fureur. Ils étaient grands et courageux comme les Gaulois; leurs cheveux roux, relevés sur la tête, et leurs longues moustaches leur donnaient un air terrible.

ARMES DES FRANCS :
1. Épée. — 2. Hang.
3. Francisque.

Les Francs étaient armés d'un bouclier, qui les préservait des coups de l'ennemi. Pour frapper, ils se servaient d'une épée, d'une hache appelée *francisque,* et d'une pique à crochets nommée *hang.*

Les rois francs portaient une longue chevelure flottante, comme signe de leur pouvoir.

Questionnaire. — 1. Pourquoi les Romains ne purent-ils pas protéger leurs frontières? — Qui envahit l'empire romain? — D'où venaient ces barbares? — 2. Quels sont les peuples qui s'établirent en Gaule? — D'où venaient-ils? — Dans quelle partie de la Gaule s'établit chacun d'eux? — V. la carte, p. 10. — 3. Comment étaient les Francs? — Quel était le signe de l'autorité chez leurs rois?

Ier RÉSUMÉ. — LA GAULE.

La France s'appelait autrefois **Gaule**. Ses habitants, les **Gaulois**, étaient généreux et braves, mais ils se faisaient souvent la guerre entre eux.

En 58 avant J.-C., les Romains commencent la conquête de la Gaule.

En 52 avant J.-C., Vercingétorix, assiégé dans Alésia, se rend à César. Les Romains s'emparent de toute la Gaule, dont ils sont les maîtres pendant 400 ans.

Au deuxième siècle (après J.-C.), le christianisme est prêché en Gaule, et les premiers chrétiens sont martyrisés.

Vers cette époque, l'empire romain commence à être envahi par les Barbares, et, au ve siècle, trois peuples nouveaux s'établissent en Gaule. Ce sont : les Francs, les Bourguignons et les Wisigoths.

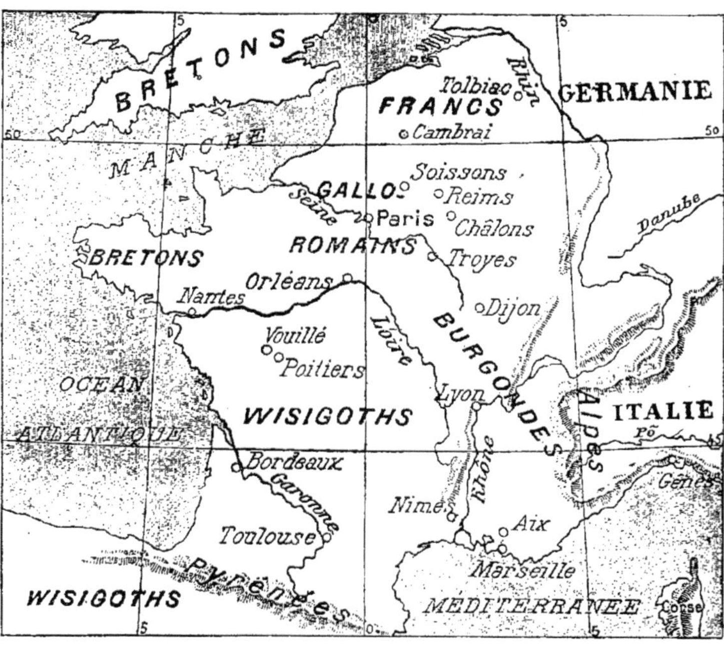

CARTE DE LA GAULE APRÈS L'INVASION.

Élocution. — Que représente ce tableau? — Pourquoi les Parisiens voulaient-ils quitter leur ville? — Par quel fleuve était arrosée cette ville? — Montrez *Paris* et la *Seine* sur la carte.

CHAPITRE II. — LES MÉROVINGIENS.

LEÇON. — *Mérovée (448-458).*

1. Les Francs en Gaule. — Les Francs, établis d'abord dans le nord de la Gaule, s'avancèrent peu à peu vers le centre.

2. Les Huns. — En 451, la Gaule fut envahie par les Huns, barbares venus d'Asie. Leur chef, Attila, qui se disait envoyé par le Ciel pour punir les hommes, se faisait appeler le *fléau de Dieu*.

3. Attila vaincu. — Les Francs, commandés par leur roi Mérovée, s'unirent aux Gallo-Romains pour combattre les Huns. Une grande bataille eut lieu près de Troyes. Attila, vaincu, quitta la Gaule.

4. Mérovée. — C'est Mérovée qui a donné son nom à la première race des rois francs, les *Mérovingiens*.

LECTURE. — *Sainte Geneviève et les Huns.*

5. Les Huns étaient les plus féroces de tous les Barbares. Ils étaient laids, affreux. Ils ravageaient tout sans pitié.

A l'époque où ils vinrent en Gaule, Paris, qui s'appelait alors Lutèce, était une petite ville bâtie dans une île de la Seine. Ses habitants étaient presque tous pêcheurs ou bateliers.

Quand ils apprirent que les Huns approchaient, ils furent tellement effrayés, qu'ils voulaient monter sur leurs barques et s'enfuir en descendant la Seine. Une jeune fille, sainte Geneviève, les rassura et les engagea à ne pas s'en aller; il arriva, en effet, qu'Attila n'approcha pas de Lutèce. — Sainte Geneviève est restée la patronne de Paris.

Questionnaire. — 1. Que firent les Francs établis au nord de la Gaule? — 2. Quel peuple envahit la Gaule en 451? — Quel était le chef des Huns? — Comment se faisait appeler Attila? — 3. Par qui étaient commandés les Francs? — Où fut vaincu Attila? — Par qui fut-il vaincu? — 4. Comment appelle-t-on la première race des rois francs? — Qui a donné son nom à cette race? — 5. Comment étaient les Huns? — Que faisaient-ils? — Comment s'appelait Paris autrefois? — Que faisaient ses habitants? — Que savez-vous de sainte Geneviève? — Montrez *Troyes* sur la carte.

Élocution. — Que représente ce tableau ? — Que demandent les envoyés de saint Remi ? — A qui s'adressent-ils ? — Que répond Clovis ? — Quels soldats voit-on près de lui ? — Que voit-on au loin ?

LEÇON. — *Clovis (481-511).*

1. Clovis. — Clovis, petit-fils de Mérovée, devint roi des Francs en 481. Il y avait alors quatre peuples en Gaule : les Francs, les Gallo-Romains, les Bourguignons et les Wisigoths.

2. Soissons. — Clovis, à peine âgé de vingt ans, commença la conquête de la Gaule. Il attaqua d'abord les Gallo-Romains ; en 486, il les vainquit à Soissons et s'empara de leur territoire.

3. Clotilde. — Clovis épousa Clotilde, nièce du roi des Bourguignons. Clotilde était chrétienne ; elle engagea son mari, qui était païen, à se faire baptiser, mais Clovis ne voulait pas abandonner la religion de ses pères.

LECTURE. — *Anecdote du vase de Soissons.*

4. Après la bataille de Soissons, les Francs avaient enlevé d'une église un vase d'une beauté merveilleuse. Saint Remi, évêque de Reims, envoya réclamer ce vase à Clovis. Celui-ci s'apprêtait à le rendre, quand un soldat le brisa d'un coup de francisque, en disant au roi : « Tu n'auras que ce que le sort te donnera. »

Clovis garda son calme. Mais l'année suivante, passant la revue de ses troupes, il arriva devant le guerrier et lui dit d'une voix sévère : « Personne ici n'a des armes aussi mal tenues que les tiennes. » Et, lui arrachant sa francisque, il la jeta à terre.

L'homme s'étant baissé pour la ramasser, Clovis lui fendit le crâne en disant : « Ainsi as-tu fait au vase de Soissons ! »

Questionnaire. — 1. Qui occupait la Gaule lorsque Clovis devint roi ? — 2. Quels ennemis attaqua d'abord Clovis ? — Où les vainquit-il ? — En quelle année ? — 3. Qui épousa Clovis ? — A quoi l'engagea Clotilde ? — 4. Racontez l'anecdote du vase de Soissons. — Montrez *Soissons* sur la carte.

Élocution. — Que représente ce tableau? — Qui baptise Clovis? — Quelles paroles prononce saint Remi? — Qu'attendent les Francs? — Où se passe cette scène? — Montrez *Reims* sur la carte.

LEÇON. — *Clovis* (suite).

1. Tolbiac. — En 496, les Alamans franchirent le Rhin. Clovis marcha contre eux et les rencontra à Tolbiac. La bataille semblait perdue. Clovis, désespéré, jura de se faire chrétien, s'il remportait la victoire. Ses soldats reprirent courage et culbutèrent les Alamans.

2. Clovis chrétien. — Clovis se rendit à Reims, où il se fit baptiser par saint Remi. Il fut dès lors protégé par les évêques et tous les catholiques.

3. Dijon. Vouillé. — Pour devenir maître de toute la Gaule, Clovis n'avait plus qu'à vaincre les Bourguignons et les Wisigoths. Il battit les Bourguignons à Dijon en 500; puis il attaqua les Wisigoths, les battit à Vouillé, près de Poitiers, en 507, et tua de sa main leur roi Alaric.

4. Mort de Clovis. — Clovis mourut à Paris, en 511.

LECTURE. — *Baptême de Clovis.*

5. Voyant ses soldats reculer, à Tolbiac, Clovis s'écria, en levant les mains au ciel : « Dieu de Clotilde, si tu me donnes la victoire, je jure de me faire baptiser. » Comme il prononçait ces paroles, les Alamans reculèrent à leur tour, et, leur chef ayant été tué, ils se soumirent à Clovis.

Le roi des Francs n'oublia pas sa promesse. Le jour de Noël, il se rendit à Reims, où il reçut le baptême des mains de saint Remi. L'évêque lui dit, en lui versant l'eau sur la tête : « Courbe le front, fier Sicambre, adore ce que tu as brûlé, brûle ce que tu as adoré. »

Trois mille guerriers suivirent l'exemple de leur chef, et Clovis, soutenu dès lors par les évêques, devint un roi très puissant.

Questionnaire. — 1. Qui attaqua les Francs en 496? — Où Clovis vainquit-il les Alamans? — Quel vœu fit-il pendant cette bataille? — 2. Où reçut-il le baptême? — Qui le baptisa? — 3. Où et quand vainquit-il les Bourguignons? — Où et quand battit-il les Wisigoths? — 4. Où et quand mourut Clovis? — 5. Racontez le baptême de Clovis. — Montrez *Tolbiac, Dijon, Vouillé* sur la carte.

Élocution. — Que représente ce tableau? — Quels sont ces deux hommes à gauche? — Où est Childebert? — De quoi Clotaire menace-t-il son frère? — Que se passe-t-il au fond, à droite?

LEÇON. — *Les Fils de Clovis (511-628).*

1. Partage de la Gaule. — A la mort de Clovis, ses quatre fils se partagèrent le royaume. Il y eut en Gaule quatre rois francs au lieu d'un seul.

2. Mort de Clodomir. — Clodomir, l'un de ces princes, ayant été tué dans une expédition en Bourgogne, ses frères, Childebert et Clotaire Ier, assassinèrent ses enfants pour s'emparer de leur héritage.

LECTURE. — *Meurtre des enfants de Clodomir.*

3. Clodomir avait confié ses enfants à sa mère Clotilde. Dès qu'il fut tué, Childebert et Clotaire se firent livrer leurs neveux sous prétexte de les faire couronner rois. Quand ils les eurent en leur pouvoir, ils envoyèrent à la reine Clotilde un messager portant des ciseaux et une épée nue. « Très glorieuse reine, dit le messager, veux-tu que tes petits-enfants aient les cheveux coupés ou qu'ils soient égorgés? » Clotilde, indignée de la fourberie de ses fils, s'écria imprudemment : « J'aime mieux les voir morts que rasés. » Le messager rapporta ces paroles.

Alors Clotaire saisit l'aîné des enfants et le tua. A cette vue, le second se jeta aux genoux de Childebert et le pria de l'épargner. Childebert se laissa toucher; mais Clotaire lui dit avec colère : « Repousse-le loin de toi, ou tu vas mourir à sa place. » Childebert repoussa l'enfant et le livra à Clotaire, qui le tua. Le plus jeune fils de Clodomir, nommé Clodoald, fut sauvé par ses serviteurs; il fonda près de Paris le monastère de Saint-Cloud.

Questionnaire. — 1. Que devint le royaume à la mort de Clovis? — Combien y eut-il de rois francs? — 2. Où fut tué Clodomir? — Qui assassina ses enfants? — Pourquoi Clotaire et Childebert les tuèrent-ils? — 3. A qui Clodomir avait-il confié ses enfants? — Que firent Clotaire et Childebert? — Racontez le meurtre des enfants de Clodomir.

Élocution. — Que représente ce tableau? — Qu'était-ce que Brunehaut? — Contre quelle reine lutta-t-elle? — Comment est-elle morte? — Qui l'a condamnée à ce supplice?

LEÇON. — *Les Fils de Clotaire.*

1. Nouveau partage. — Les quatre fils de Clotaire Ier se partagèrent le royaume, comme l'avaient fait ceux de Clovis.

2. L'Austrasie et la Neustrie. — Il y eut de longues guerres entre l'Austrasie ou pays de l'est de la Gaule et la Neustrie ou pays de l'ouest.

3. Brunehaut et Frédégonde. — Ces guerres, pendant lesquelles on commit des crimes épouvantables, furent principalement dirigées par deux femmes : Brunehaut, reine d'Austrasie, et Frédégonde, reine de Neustrie.

Brunehaut, vaincue, périt dans d'atroces souffrances.

LECTURE. — *Supplice de Brunehaut.*

4. Fatigués d'une guerre désastreuse, les soldats de Brunehaut livrèrent la reine à Clotaire II, fils de Frédégonde. Celui-ci lui reprocha vivement tous ses crimes et la fit battre à plusieurs reprises. Enfin il la fit attacher par les bras et les cheveux à la queue d'un cheval indompté, qui l'emporta dans une course furieuse.

Le corps de la malheureuse Brunehaut fut traîné à travers les buissons et les épines jusqu'à ce que ses membres fussent dispersés en lambeaux (en 613).

Questionnaire. — 1. Qui se partagea le royaume à la mort de Clotaire? — 2. Entre quels pays eurent lieu de longues guerres? — Qu'était-ce que la Neustrie? — Où se trouvait l'Austrasie? — 3. Par qui fut dirigée la guerre? — Qui triompha? — 4. Racontez le supplice de Brunehaut.

Élocution. — Que représente ce tableau? — Qu'était-ce qu'un roi fainéant? — Comment sortait-il de sa demeure? — Qui gouvernait à sa place? — Que font les divers personnages de ce tableau?

LEÇON. — *Dagobert* (628-638).

1. Dagobert. — Les rois mérovingiens, au lieu de vivre en paix, étaient toujours en guerre, et la guerre les affaiblissait.

2. Saint Éloi. — L'un d'entre eux, Dagobert, gouverna cependant son royaume avec sévérité, et suivit les conseils d'un sage ministre, saint Éloi. Il fit élever la basilique de Saint-Denis, où furent ensevelis les rois de France.

3. Les rois fainéants. — Mais Dagobert ne régna que dix ans. Ses successeurs furent moins puissants que leurs intendants, appelés *maires du palais;* ils perdirent toute autorité, et on les qualifia de *rois fainéants,* c'est-à-dire *rois qui ne font rien.*

LECTURE. — *Les Maires du palais.*

4. Après la mort de Dagobert, les rois mérovingiens n'eurent plus aucun pouvoir. Les vrais maîtres du royaume, ce furent les maires du palais.

Les maires du palais s'emparèrent de tout l'argent du roi, de tous ses revenus, et ne lui laissèrent qu'une terre peu importante avec un petit nombre de domestiques.

Quand le roi sortait de sa demeure, c'était sur un chariot traîné par des bœufs. Un bouvier conduisait ce modeste attelage, un aiguillon à la main.

Questionnaire. — 1. Est-ce que les rois mérovingiens vivaient en paix? — 2. Quel est celui qui gouverna bien le royaume? — Quel fut son ministre? — Quel monument fit-il construire? — A quoi servit cette basilique? — Montrez *Saint-Denis* sur la carte. — 3. Comment nomma-t-on les successeurs de Dagobert? — 4. Quels furent les vrais maîtres du royaume à la mort de Dagobert? — De quoi s'emparèrent les maires du palais? — Comment le roi sortait-il de sa demeure?

Élocution. — Que représente ce tableau? — Entre quels peuples fut livré ce combat? — Quand eut-il lieu? — Qui fut vainqueur? — Montrez Charles Martel. — Montrez *Poitiers* sur la carte.

LEÇON. — *Derniers Mérovingiens.*

1. Invasion des Arabes. — En 732, des Arabes, venus de l'Espagne, envahirent la Gaule. Incapables de les repousser, les Mérovingiens laissèrent ce soin à un maire du palais, nommé Charles, qui vainquit les Arabes près de Poitiers. Il tua tant d'ennemis avec son *marteau* d'armes qu'on le surnomma *Martel*.

2. Famille d'Héristal. — Charles Martel appartenait à la famille d'Héristal, qui possédait de grands domaines en Austrasie. La victoire de Poitiers le rendit tout-puissant, et quand son fils, Pépin le Bref, le remplaça comme maire du palais, les Mérovingiens n'avaient plus aucun pouvoir.

LECTURE. — *Bataille de Poitiers.*

Cavalier arabe.

3. Après avoir conquis l'Afrique et l'Espagne, les Arabes franchirent les Pyrénées et envahirent la Gaule. Ils voulaient s'emparer de l'Europe et l'obliger à suivre la religion de Mahomet.

Le maire du palais, Charles, marcha contre eux à la tête des Francs; il les rencontra près de Poitiers. Une grande bataille eut lieu, et le carnage ne cessa que le soir.

Le lendemain, les Francs voulurent recommencer le combat, mais les Arabes s'étaient retirés silencieusement pendant la nuit, abandonnant un riche butin. L'Europe chrétienne était sauvée (732).

Questionnaire. — 1. Qui envahit la Gaule en 732? — Par qui furent vaincus les Arabes? — Où furent-ils battus? — 2. A quelle famille appartenait Charles Martel? — A qui laissa-t-il le pouvoir? — 3. Dites ce que vous savez sur les Arabes et sur la bataille de Poitiers.

IIe RÉSUMÉ. — *LES MÉROVINGIENS.*

Au commencement du Ve siècle, les Francs s'avancent vers le centre de la Gaule.

En 451, Attila est vaincu par Mérovée et les Gallo-Romains.

En 481, Clovis devient roi des Francs; il bat les Gallo-Romains à Soissons, les Alamans à Tolbiac, les Bourguignons à Dijon, les Wisigoths à Vouillé.

En 511, à la mort de Clovis, ses quatre fils se partagent le royaume.

En 561, mort de Clotaire Ier et nouveau partage du royaume. Rivalité de l'Austrasie, où règne Brunehaut, et de la Neustrie, où règne Frédégonde.

En 628, Dagobert est roi des Francs; il prend pour ministre saint Éloi. Après lui viennent les rois fainéants, dominés par les maires du palais.

En 732, Charles Martel bat les Arabes à Poitiers, et, en 751, son fils Pépin le Bref renverse le dernier Mérovingien.

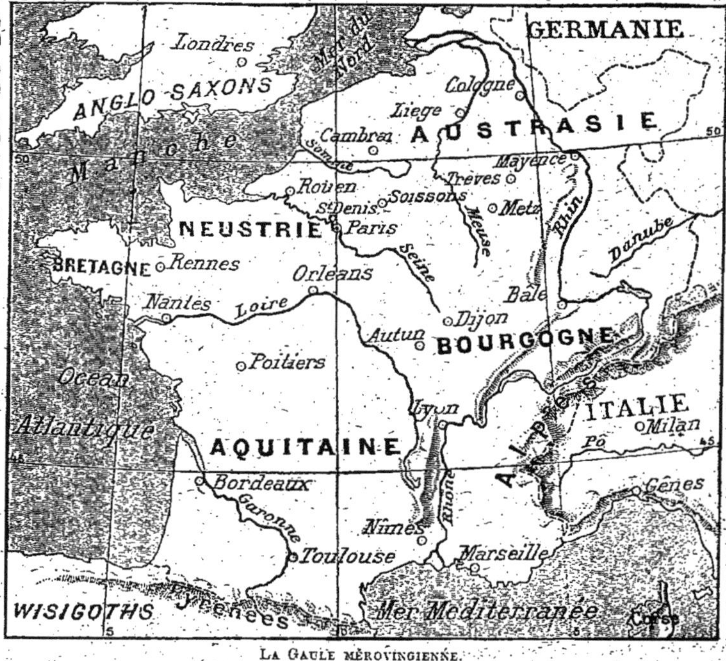

LA GAULE MÉROVINGIENNE.

Pépin trancha en deux coups la tête du lion et celle du taureau.

CHAPITRE III. — LES CAROLINGIENS.

LEÇON. — *Pépin le Bref* (751-768).

1. Pépin le Bref. — Pépin le Bref, fils de Charles Martel, devint maire du palais à la mort de son père.

En 751, il renversa du trône le dernier roi mérovingien et se fit couronner à sa place.

2. Les Carolingiens. — Pépin le Bref est le premier roi de la seconde dynastie, celle des *Carolingiens.*

Le mot *carolingien* vient du mot latin *Carolus,* qui signifie Charles, nom de Charlemagne, le chef le plus illustre de cette famille.

LECTURE. — *Courage de Pépin.*

3. Pépin avait été appelé *le Bref* parce qu'il était *petit*. Ayant entendu dire que ses officiers se moquaient de sa petite taille, il voulut faire taire les rieurs.

D'après la légende, il fit un jour battre dans un cirque un lion et un taureau. Le lion saisit le taureau et le jeta par terre. Pépin dit alors à ceux qui l'entouraient : « Quel est celui de vous qui osera tirer ce pauvre taureau des griffes du lion? Personne ne répondit. Alors Pépin tira son sabre, se précipita dans l'arène, et trancha en deux coups la tête du lion et celle du taureau.

Les officiers, émerveillés de son adresse et de sa bravoure, ne songèrent plus à se moquer de lui.

Questionnaire. — 1. A qui succéda Pépin le Bref comme maire du palais? — Quand renversa-t-il le dernier Mérovingien? — 2. De quelle dynastie Pépin le Bref est-il le premier roi? — D'où vient le mot *Carolingien*? — 3. Parlez, d'après la légende, du courage de Pépin le Bref.

Élocution. — Que représente ce tableau? — Quelles troupes commandait Roland? — Où et par qui fut-il attaqué? — Pourquoi sonne-t-il du cor? — Comment la légende le fait-elle mourir?

LEÇON. — *Charlemagne (768-814).*

1. Charlemagne. — Charlemagne, dont le nom signifie Charles le Grand, devint roi des Francs à la mort de son père, Pépin le Bref, en 768.

2. Ses conquêtes. — Charlemagne s'est rendu célèbre par des guerres glorieuses. Il conquit l'Aquitaine, le royaume des Lombards (en Italie), et passa en Espagne pour vaincre les Arabes.

C'est au retour de cette expédition que l'arrière-garde, commandée par Roland, périt dans la vallée de Roncevaux.

LECTURE. — *Légende de la mort de Roland.*

3. Lorsque l'armée de Charlemagne revint d'Espagne, l'arrière-garde, commandée par le comte Roland, fut attaquée dans les Pyrénées par les Basques.

Au moment où les soldats francs passaient dans la gorge profonde de Roncevaux, les Basques, du haut des montagnes, firent rouler sur eux des rochers et des troncs d'arbres.

Roland se battit comme un lion, mais les ennemis étaient trop nombreux. Il sonna alors de son cor d'ivoire pour appeler Charlemagne à son secours. Celui-ci l'entendit; il se hâta de revenir sur ses pas, mais il était trop tard : Roland et ses compagnons étaient morts écrasés par les rochers.

Avant d'expirer, Roland essaya de briser son épée, sa *Durandal,* pour qu'elle ne tombât pas aux mains des ennemis; il frappa sur les rochers avec tant de force qu'il fit dans la montagne une large ouverture, appelée depuis la *Brèche de Roland.*

Questionnaire. — 1. Que signifie le mot *Charlemagne?* — A quelle époque Charlemagne devint-il roi? — 2. Quelles conquêtes fit Charle- | magne? — Où périt Roland? — 3. Faites le récit de la mort de Roland? — Montrez sur la carte : l'*Aquitaine,* l'*Italie,* l'*Espagne, Roncevaux.*

Élocution. — Que représente ce tableau? — Où se passe cette scène? — En quelle année eut-elle lieu? — Où est le pape? — Où est Charlemagne? — Que font les assistants?

LEÇON. — *Charlemagne empereur.*

1. Guerre contre les Saxons. — La plus longue guerre entreprise par Charlemagne fut la guerre contre les Saxons, peuple païen de la Germanie. Witikind, chef des Saxons, se défendit pendant trente-trois ans. A la fin, vaincu, il se soumit à Charlemagne et se fit chrétien.

2. Charlemagne empereur. — Charlemagne se trouva maître de la Gaule, de la Germanie, de l'Italie et d'une partie de l'Espagne. En 800, le jour de Noël, le pape le couronna à Rome empereur d'Occident, aux acclamations du peuple.

LECTURE. — *Charlemagne et le roi des Lombards.*

3. Charlemagne passa en Italie pour protéger le pape contre Didier, roi des Lombards. A son approche, les habitants, épouvantés, se réfugièrent dans la ville de Pavie, et Didier, tremblant, monta sur une haute tour pour voir arriver l'armée des Francs.

Dès qu'il aperçut les chariots, il demanda à un de ses officiers : « Est-ce que Charlemagne est là? — Non, » répondit l'officier. Un moment après apparaît la troupe immense des simples soldats. « Assurément, dit le roi, Charlemagne s'avance avec cette foule. — Non, pas encore, » répond l'officier. Cependant arrivent les gardes, vieux soldats, élite de l'armée. « Pour le coup, voilà Charlemagne, s'écrie Didier plein d'effroi. — Non, pas encore, dit l'officier; mais quand vous verrez la moisson s'agiter d'horreur dans les champs, alors vous saurez que Charlemagne s'avance. » Tout à coup, on vit apparaître un homme de haute taille, tout couvert de fer, et autour duquel marchaient des guerriers à l'aspect redoutable. « Le voici! » cria Didier frissonnant d'épouvante.

Se sentant vaincu, le roi des Lombards vint se livrer à Charlemagne, qui le fit enfermer dans un monastère.

Questionnaire. — 1. Quelle est la plus longue guerre de Charlemagne? — Que fit Witikind? — 2. De quels pays se trouva maître Charlemagne? — Quand et par qui fut-il couronné empereur? — 3. Racontez l'arrivée de Charlemagne à Pavie. — Montrez sur la carte : la *Saxe*, *Rome*, *Pavie*.

Élocution. — Que représente ce tableau ? — Que dit Charlemagne ? — Où sont les bons écoliers ? — Où sont les mauvais ? — Montrez *Aix-la-Chapelle* sur la carte.

LEÇON. — *Gouvernement de Charlemagne.*

1. Administration. — Charlemagne gouverna son vaste empire avec une grande sagesse. Deux fois par an il réunissait les chefs francs pour connaître les besoins de son peuple. Il fit de bonnes lois appelées *Capitulaires*, et, pour s'assurer que tout le monde vivait en paix dans ses États, il ordonna à des employés d'inspecter les provinces.

2 Les écoles. — Pour répandre l'instruction, Charlemagne attira les savants étrangers dans son royaume et il fonda de nombreuses écoles.

Charlemagne mourut à Aix-la-Chapelle en 814.

LECTURE. — *Charlemagne visitant les écoles.*

3. Charlemagne visitait un jour l'école de son palais. Il se fit présenter les devoirs des élèves, et, les ayant lus, il vit que les compositions des enfants pauvres étaient très soignées, tandis que celles des enfants nobles ne l'étaient pas du tout.

Le roi fit passer à sa droite ceux qui avaient bien travaillé : « Merci, mes amis, leur dit-il. Vous vous êtes efforcés de suivre mes conseils; je vous donnerai des évêchés et je vous comblerai d'honneurs. »

Se tournant ensuite vers les enfants riches, il les regarda d'un air sévère et leur dit d'une voix menaçante : « Vous qui êtes orgueilleux de votre naissance et de vos richesses, vous avez négligé l'étude pour le jeu. Mais je fais peu de cas de votre noblesse et de vos beaux habits. Si vous ne rachetez pas votre paresse par un travail assidu, vous n'obtiendrez jamais rien du bon roi Charles ! »

Questionnaire. — 1. Comment Charlemagne gouverna-t-il ses États ? — Fit-il de bonnes lois ? — Comment les appelait-on ? — Que fit-il pour savoir si tout le monde vivait en paix dans son royaume ? — 2. Que fit-il pour répandre l'instruction ? — Où mourut Charlemagne ? — Quand mourut-il ? — 3. Faites le récit de la visite de Charlemagne à l'école du palais.

LES NORMANDS. — Les Normands pillaient les couvents, les châteaux, les villes ; ils tuaient les femmes et les enfants ; ils emmenaient les hommes prisonniers et portaient le butin dans leurs barques.

LEÇON. — *Successeurs de Charlemagne.*

1. Louis le Débonnaire. — Le fils de Charlemagne, Louis le Débonnaire, était trop faible pour gouverner le vaste empire que lui laissait son père. Ses enfants, d'abord révoltés contre lui, se firent ensuite la guerre entre eux.

2. Traité de Verdun. — Ils se livrèrent une bataille à Fontanet, et, deux ans après, par le traité de Verdun, en 843, ils se partagèrent l'empire. L'un devint roi d'Allemagne, l'autre roi d'Italie ; enfin, le troisième, Charles le Chauve, devint roi de France.

3. Les Normands. — Sous le règne de Charles le Chauve, les Normands vinrent ravager notre pays.

LECTURE. — *Les Normands.*

4. Les Normands ou *hommes du Nord* étaient des pirates danois et norvégiens qui, chaque année, au printemps, abandonnaient leur pays pour aller voler et tuer.

Rapides comme des oiseaux de proie, ils débarquaient tout à coup sur les côtes, malgré le vent et la tempête. Ils remontaient l'embouchure des fleuves pour piller les villes, les églises et les monastères. Ils tuaient les enfants et les femmes ou les jetaient vivants dans les flammes des maisons incendiées.

Charlemagne avait prévu les invasions normandes. Voyant un jour des barques de pirates s'avancer jusque dans un port de la Méditerranée, il les considéra longuement et ses yeux se remplirent de larmes : « Je ne crains pas ces hommes, dit-il, mais j'éprouve une grande douleur en songeant aux maux dont ils accableront mes descendants. »

Questionnaire. — 1. Qui succéda à Charlemagne ? — Est-ce que Louis le Débonnaire sut gouverner ? — 2. Que firent ses fils ? — Que décida le traité de Verdun ? — Montrez sur la carte : Fontanet, Verdun. — Montrez les royaumes de France, d'Italie et d'Allemagne. — 3. Quand les Normands dévastèrent-ils la France ? — 4. Dites ce que vous savez sur les Normands.

Élocution. — Que représente ce tableau? — Quels étaient les assiégeants? — Quels étaient les assiégés? — Qui commandait les assiégés? — Comment se défendirent-ils?

LEÇON. — *Derniers Carolingiens.*

1. Faiblesse des Carolingiens. — La France fut très malheureuse sous les successeurs de Charlemagne. Ces princes ne surent pas faire régner l'ordre dans le royaume; personne ne leur obéissait.

2. Siège de Paris. — Les Normands pillaient à chaque instant les provinces. En 885, ils vinrent même attaquer Paris; mais les habitants, commandés par le comte Eudes, se défendirent vaillamment.

3. Chute des Carolingiens. — Les rois carolingiens devenaient de plus en plus faibles; enfin, en 987, ils furent renversés du trône par Hugues Capet, petit-neveu du comte Eudes.

LECTURE. — *Les Normands s'établissent en France.*

4. Sous Charles le Simple, l'un des derniers rois carolingiens, des Normands, conduits par leur chef Rollon, s'établirent en France. Charles aima mieux les avoir pour amis que pour ennemis. Il leur céda le duché qui, de leur nom, s'appela *Normandie,* et promit à Rollon sa fille en mariage.

Pour prouver sa fidélité au roi de France, Rollon devait, suivant la coutume, baiser le pied de Charles. Il ne le voulut pas, et il ordonna à un chevalier de le faire à sa place.

Le chevalier, saisissant le pied du roi, le porta à sa bouche, mais sans se baisser, de sorte que Charles tomba à la renverse au milieu des éclats de rire. — Rollon reçut ensuite le baptême.

Dès lors, la France n'eut plus à souffrir des pirates normands.

Questionnaire. — 1. Les successeurs de Charlemagne surent-ils faire régner l'ordre? — 2. Quand les Normands attaquèrent-ils Paris? — Qui défendit la ville? — 3. Qui renversa les Carolingiens du trône? — 4. Sous quel roi carolingien les Normands s'établirent-ils en France? — Racontez comment ils s'y établirent. — Montrez sur la carte, page 28, *Paris,* la *Normandie.*

IIIe RÉSUMÉ. — *LES CAROLINGIENS.*

En 751, Pépin le Bref fonde la dynastie des Carolingiens.

En 768, Charlemagne devient roi des Francs; il fait des guerres glorieuses et crée de nombreuses écoles.

En 800, il est couronné empereur d'Occident.

En 814, il meurt à Aix-la-Chapelle, et son fils Louis le Débonnaire lui succède.

En 841, bataille de Fontanet entre les fils de Louis le Débonnaire.

En 843, par le traité de Verdun, les fils de Louis le Débonnaire se partagent le vaste empire de Charlemagne.

Les Normands viennent piller la France; en 885, ils assiègent Paris, que défendent vaillamment ses habitants. Ils s'établissent enfin en France, dans la Normandie.

En 987, les Carolingiens sont renversés du trône par Hugues Capet, qui fonde la 3e race, celle des Capétiens.

DÉMEMBREMENT DE L'EMPIRE DE CHARLEMAGNE.

LECTURE. — *La Féodalité.*

La féodalité. — A l'avènement des Capétiens, les seigneurs étaient dans leurs domaines aussi puissants que le roi dans les siens. Les ducs de Normandie et de Bourgogne, les comtes de Champagne et de Poitiers, etc., avaient une armée, levaient des impôts, rendaient la justice absolument comme le roi.

Suzerain et vassal. — Comme ces domaines avaient été donnés par les rois aux seigneurs, ceux-ci étaient obligés de rendre *hommage*, c'est-à-dire de prêter serment de fidélité aux rois. On disait que le roi était le *suzerain* de tous les seigneurs, et que les seigneurs étaient les *vassaux* du roi de France.

A leur tour, les ducs et les comtes donnèrent des terres à des seigneurs moins puissants, qui devinrent leurs vassaux comme eux-mêmes étaient les vassaux du roi.

Fief. — Les domaines des seigneurs s'appelaient *fiefs,* et l'on appelle *régime féodal* ou régime des fiefs le régime sous lequel vivait la France à l'avènement des Capétiens.

Nobles.

Serfs.

Bourgeois.

LECTURE. — *Condition des personnes.*

Nobles et clercs. — Tous les possesseurs de fiefs, comme les ducs et les comtes, formaient la classe des *nobles.*

Les membres de l'Église, que l'on appelait *clercs*, pouvaient posséder des fiefs comme les nobles.

Bourgeois, vilains, serfs. — Au-dessous des nobles et des clercs, il y avait : 1° les *bourgeois* ou habitants des villes; 2° les *vilains* ou *roturiers*, habitants des campagnes, dont les plus malheureux étaient les *serfs*, qui étaient attachés à la terre du seigneur et ne pouvaient la quitter sans sa permission.

Les bourgeois et certains vilains étaient libres; les serfs ne l'étaient pas.

LECTURE. — *Le Château féodal.*

Le château féodal s'élevait sur une colline escarpée, de manière à dominer les environs et à surveiller les routes. Ses épaisses murailles étaient entourées de larges et profonds fossés, remplis d'eau. Au pied de la colline, on voyait les petites cabanes des paysans.

La porte était flanquée de tourelles et surmontée d'un corps de garde. On arrivait par un pont-levis. Au haut des murailles, des soldats faisaient bonne garde, et le donjon, tour élevée qui se dressait au milieu de la cour, permettait de surveiller l'approche de l'ennemi.

LECTURE. — *La Vie de château.*

Dès le matin, la cour se remplissait d'écuyers et de pages, qui se livraient aux exercices physiques. Le soir, quand tout dormait dans la campagne et qu'on n'entendait d'autre bruit que le pas mesuré des sentinelles, tout le monde se réunissait dans la plus grande salle. Assis autour du foyer, on s'entretenait de hauts faits d'armes, on écoutait les récits des pèlerins, qui payaient ainsi l'hospitalité qu'on leur offrait.

Parfois, au moment où l'on s'y attendait le moins, le guetteur donnait l'alarme : c'était quelque seigneur du voisinage qui venait donner l'attaque au château.

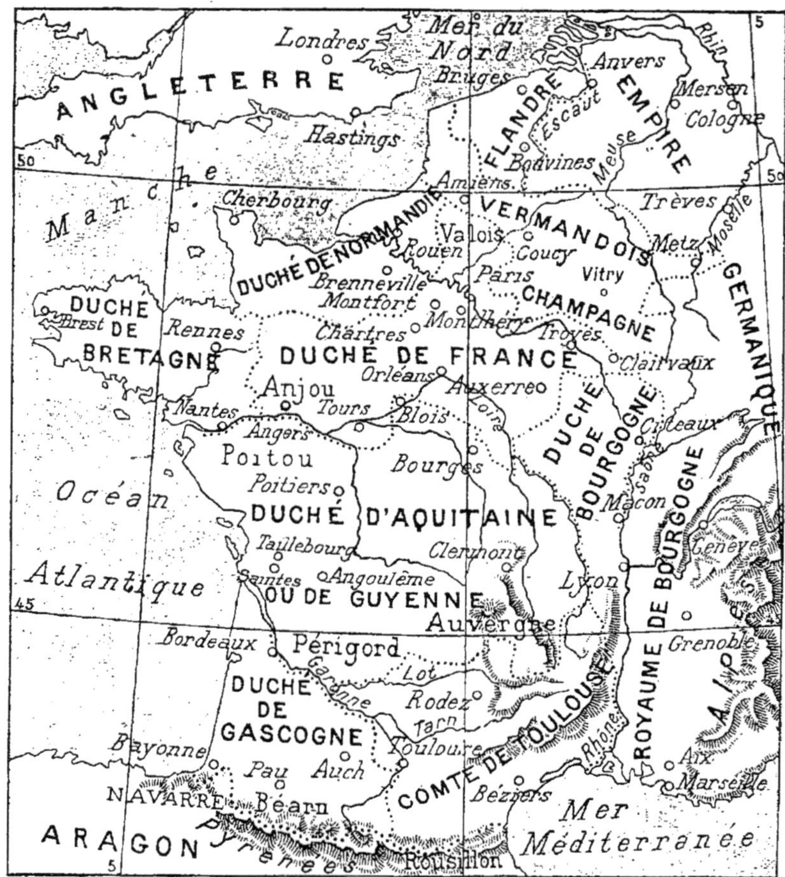

LECTURE. — **_Misères de l'époque féodale._**

Les rois n'étant pas assez forts pour protéger leurs sujets, ceux-ci se placèrent sous la protection des seigneurs. Ils donnaient aux seigneurs de l'argent, ils travaillaient pour eux, et, en échange, les seigneurs devaient les défendre contre les ennemis.

Mais les seigneurs abusaient de leurs droits et accablaient les vilains sans aucune pitié. Puis ils se faisaient la guerre entre eux, dévastaient les campagnes, brûlaient les chaumières et les moissons. Aussi, la famine désola la France au Xᵉ et au XIᵉ siècle; on vit des malheureux déterrer des cadavres pour les manger, et disputer aux loups affamés leur sinistre proie.

Au lieu de protéger les vilains, la plupart des seigneurs les opprimèrent.

Le roi Robert était bon, charitable ; il aimait à faire l'aumône lui-même.

CHAPITRE IV. — LES CAPÉTIENS

LEÇON. — *Hugues Capet (987-996).*

1. Les Capétiens. — Hugues Capet, duc de France, est le chef de la troisième race de nos rois, auxquels il a donné son nom : les *Capétiens*.

2. Hugues Capet. — Lorsqu'il monta sur le trône, en 987, les seigneurs étaient plus puissants, plus forts que lui. L'Église le secourut, et ce fut grâce à elle qu'il put régner et qu'il fit couronner roi son fils Robert.

3. Paris capitale. — Hugues Capet fixa sa demeure à Paris qui, depuis lors, a toujours été la capitale de la France.

LECTURE. — *Robert. — La Trêve de Dieu.*

4. Robert, fils de Hugues Capet, devint roi en 996. C'était un prince doux, bon et pieux. Il aimait beaucoup les pauvres ; il ne se souvenait jamais des injures et sa charité était inépuisable.

Un jour qu'il était à l'église, un malheureux, nommé Rapaton, coupa, pour la voler, la moitié de la frange d'or de son manteau. « Retire-toi, lui dit le roi ; tu en as assez, et ce qui reste fera le bonheur d'un autre. »

La famine, les maladies, et surtout la guerre désolaient la France. Pour arrêter les violences des seigneurs, l'Église établit une loi appelée *Trêve de Dieu*, qui défendait de se battre depuis le mercredi soir jusqu'au lundi matin, ainsi que pendant les jours de fête et de jeûne. Il y eut alors un peu plus de tranquillité.

Questionnaire. — 1. Quel est le chef des Capétiens ? — 2. Les seigneurs étaient-ils puissants à cette époque ? — Qui secourut Hugues Capet ? — 3. Dans quelle ville Hugues fixa-t-il sa résidence ? — 4. Quel était le caractère de Robert ? — Racontez l'anecdote sur Rapaton. — Qu'est-ce qui désolait la France à cette époque ? — Qu'établit l'Église ? — Que défendait la *Trêve de Dieu* ?

LEÇON. — *Philippe Ier (1060-1108).*

1. Philippe Ier. — Philippe Ier, petit-fils de Robert, monta sur le trône en 1060. Ce ne fut pas un bon roi. Sa mauvaise conduite lui fit perdre l'amitié de l'Église, et il se fit détester des populations par ses brigandages sur les chemins, où il arrêtait et volait les marchands.

Sous son règne eurent lieu deux grands faits :

1° La conquête de l'Angleterre par les Normands en 1066 ;

2° La première croisade.

Philippe Ier ne prit aucune part à ces expéditions.

LECTURE. — *La Chevalerie.*

2. Pour adoucir les mœurs barbares des seigneurs, l'Église fit de la *chevalerie* une institution religieuse. Tout noble qui voulait être armé *chevalier* devait promettre de protéger l'Église et de soutenir les faibles contre les méchancetés des forts.

Pour se former au dur métier de la guerre, le fils d'un gentilhomme s'exerçait sans cesse au saut et à la lutte. Dès l'âge de sept ans, il entrait comme page au service d'un grand seigneur. Vers quinze ans, il devenait écuyer ; enfin, à vingt et un ans, on le faisait *chevalier*.

Il passait la nuit qui précédait la cérémonie, en prières, dans l'église. Le jour venu, il entendait la messe ; puis, le seigneur lui donnait l'*accolade*, c'est-à-dire le frappait sur la nuque du plat de l'épée, en disant : « Au nom de Dieu, de saint Michel et de saint Georges, je te fais chevalier. »

LEÇON. — *Première Croisade.*

1. Concile de Clermont. — La première croisade fut prêchée par un pauvre moine, appelé Pierre l'Ermite, et par le pape Urbain II, au concile de Clermont-Ferrand, en 1095. Le pape parla avec tant d'éloquence que tous les assistants jurèrent de partir pour la croisade en criant : « Dieu le veut ! Dieu le veut ! »

2. Prise de Jérusalem. — Les croisés, commandés par Godefroy de Bouillon, partirent en 1097. Après deux ans de fatigues et de souffrances, ils s'emparèrent de Jérusalem.

Un croisé.

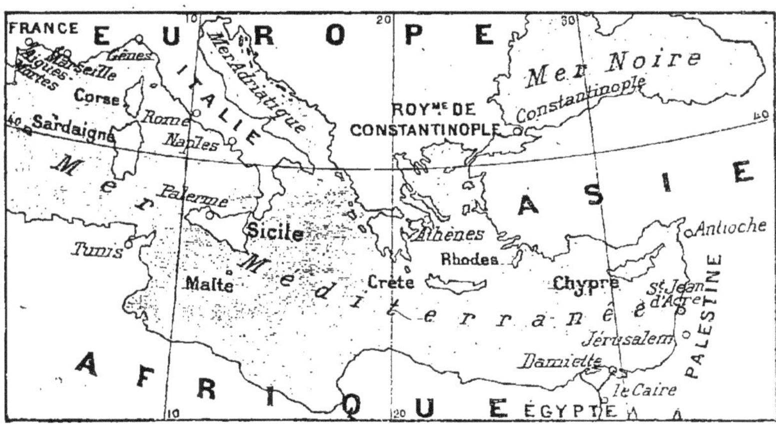

LECTURE. — *Les Croisades.*

3. On donne le nom de *croisades* aux expéditions entreprises par les chrétiens de l'Europe pour enlever aux musulmans le Saint-Sépulcre, c'est-à-dire le tombeau de Jésus-Christ, qui se trouvait à Jérusalem.

Ceux qui partaient pour la guerre sainte devaient coudre sur leurs habits une croix d'étoffe rouge. A cause de cette *croix*, on les appela *croisés*, et on donna le nom de *croisades* aux expéditions en Terre Sainte.

Questionnaire. — 1. Par qui fut prêchée la première croisade ? — Où fut-elle prêchée ? — En quelle année ? — Montrez *Clermont* sur la carte, p. 28. — 2. Par qui étaient commandés les croisés ? — De quelle ville s'emparèrent-ils ? — En quelle année ? — Montrez *Jérusalem* sur la carte. — 3. Qu'appelle-t-on *croisades* ? — Que faisaient ceux qui partaient pour la croisade ?

Une ville au moyen âge. — L'hôtel de ville. — Le beffroi.

LEÇON. — *Louis VI le Gros* (1108-1137).

1. Louis VI et Suger. — Louis le Gros, fils et successeur de Philippe Iᵉʳ, fit une guerre acharnée aux seigneurs. Il détruisit plusieurs châteaux forts. Il fut habilement secondé par son ministre Suger, abbé de Saint-Denis.

2. Les Communes. — Les seigneurs étaient si méchants que le peuple se révolta dans un grand nombre de villes et forma des associations appelées *communes,* parce que tous les associés juraient de résister *en commun* aux méchancetés des seigneurs. — Les rois furent très heureux du développement des *communes,* qui affaiblissait le pouvoir féodal et fortifiait le pouvoir royal.

LECTURE. — *Les Communes.*

3. Les bourgeois ou habitants des villes se lassèrent, à la longue, de la tyrannie des seigneurs, et ils résolurent de ne plus la supporter.

Réunis sur la place du marché ou dans l'église, ils jurèrent de se soutenir les uns les autres et obtinrent des seigneurs une certaine liberté, soit à prix d'argent, soit en prenant les armes.

La commune s'administrait elle-même. Le maire et les échevins se réunissaient dans de magnifiques *hôtels de ville,* à côté desquels s'élevait une tour appelée *beffroi.*

Au haut du beffroi, un guetteur sonnait la cloche pour convoquer les bourgeois, pour faire connaître aux ouvriers les heures de travail et les heures de repos, pour donner l'alarme quand les ennemis approchaient de la ville, pour indiquer le lever du soleil et le couvre-feu. Lorsque sonnait le couvre-feu, chaque habitant devait rentrer chez lui et éteindre sa lumière.

Questionnaire. — 1. A qui Louis le Gros fit-il la guerre? — Par quel ministre fut-il secondé? — Qui était-ce que Suger? — 2. Pourquoi le peuple se révolta-t-il contre les seigneurs? — Que fit-il? — Les rois furent-ils contents de la formation des communes? – Pourquoi? – 3. Racontez comment se formèrent les communes? – Qu'était-ce que le *beffroi?* — Que faisait le guetteur au haut du beffroi?

Suger à l'abbaye de Saint-Denis.   Basilique de Saint-Denis.

LEÇON. — *Louis VII (1137-1180).*

1. Seconde croisade. — Le fils de Louis le Gros, Louis VII, continua la guerre contre les seigneurs. Mais bientôt il quitta la France pour entreprendre la seconde croisade.

Pendant son absence, Suger gouverna sagement le royaume et mérita pour cela le beau nom de *Père de la Patrie.*

2. Divorce de Louis VII. — A la mort de ce sage ministre, Louis VII fit rompre son mariage avec Éléonore de Guyenne. Celle-ci épousa en secondes noces un prince qui devint roi d'Angleterre et à qui elle apporta en dot de riches provinces françaises.

LECTURE. — *Seconde croisade.*

3. Louis VII faisait la guerre au comte de Champagne. Il vint mettre le siège devant la ville de Vitry et s'en empara, malgré la vive résistance des habitants.

Irrité de cette héroïque défense, le roi résolut de punir la ville rebelle. Ses soldats mirent le feu aux maisons et la cité fut bientôt la proie des flammes. Treize cents personnes, qui s'étaient réfugiées dans l'église, périrent dans d'atroces souffrances.

Louis VII, accablé de remords, entreprit alors la seconde croisade prêchée par saint Bernard. Il espérait ainsi racheter ses fautes. Cette expédition ne fut pas heureuse ; car les troupes du roi, trahies par des guides, furent taillées en pièces par les Turcs. Louis VII regagna la France à grand'peine, après une absence de deux ans.

Questionnaire.— 1. De qui Louis VII était-il fils ? — Quelle expédition entreprit-il ? — Qui gouverna pendant son absence ? — Quel nom mérita Suger ? — 2. Louis VII divorça-t-il ? — Montrez la Guyenne sur la carte. — Que fit Éléonore ? — 3. Dites pourquoi Louis VII entreprit une croisade ? — Montrez *Vitry* sur la carte. — Fut-il heureux dans son expédition en Palestine ?

Élocution. — Les croisés s'emparent de Saint-Jean d'Acre. — Qui était à la tête des croisés ? — Qui défendait la ville ? — Où se trouve Saint-Jean d'Acre ? — Montrez cette ville sur la carte, page 31.

LEÇON. — *Philippe Auguste* (1180-1223).

1. Philippe Auguste. — Le fils de Louis VII, Philippe, surnommé Auguste, est un des plus grands rois capétiens.

2. Troisième croisade. — Il entreprit la troisième croisade avec le roi d'Angleterre, Richard Cœur de Lion. Saint-Jean d'Acre fut pris ; mais, au bout de quelque temps, les deux rois ne purent s'entendre et Philippe revint en France.

3. Conquêtes. — A son retour, Philippe enleva la Normandie et le Poitou aux Anglais. Richard essaya, plus tard, de reprendre ces provinces, mais il fut mortellement blessé par une flèche, au siège d'un château, en Guyenne.

LECTURE. — *Le Conte de Blondel.*

4. Richard, ayant quitté la Palestine pour revenir en Europe, fit naufrage dans la mer Adriatique et fut jeté, par la tempête, sur les terres du duc d'Autriche, qui le retint prisonnier. Personne ne sut ce qu'il était devenu.

Un de ses favoris, le trouvère Blondel, se mit à parcourir l'Allemagne pour tâcher de le retrouver. Après de longs et pénibles voyages, il arriva devant un vieux château fort, dans lequel gémissait le roi captif. Il se mit à chanter une romance, qu'il avait autrefois composée avec Richard. Aussitôt une voix lui répondit du haut de la tour, et Blondel, reconnaissant celui qu'il cherchait, partit au plus vite pour l'Angleterre, où il raconta son aventure.

Tous, riches et pauvres, donnèrent de l'argent pour acheter la liberté de Richard, prisonnier depuis quatorze mois.

Élocution. — Que représente ce tableau? — Entre quels peuples fut livrée cette bataille? — Quel est le personnage jeté à bas de son cheval? — Qui le sauva? — Qui remporta la victoire?

LEÇON. — *Philippe Auguste* (suite).

1. Coalition. — Les Anglais voulurent reprendre à Philippe Auguste les provinces dont celui-ci s'était emparé. Ils s'allièrent avec l'empereur d'Allemagne et quelques seigneurs pour envahir la France.

Philippe se hâta de lever une armée composée de chevaliers et de bourgeois, et marcha contre les ennemis.

2. Bouvines. — La bataille eut lieu à Bouvines en 1214 : elle fut terrible. Philippe, jeté à bas de son cheval, aurait été tué sans la solidité de son armure. Ses soldats le délivrèrent, et les ennemis furent écrasés ou mis en fuite.

Cette victoire rendit Philippe Auguste très puissant.

LECTURE. — *Administration de Philippe Auguste.*

3. Philippe Auguste fut un bon administrateur; il se préoccupa d'apaiser les querelles des seigneurs, de faire régner l'ordre et la justice dans le royaume. A Paris, il fit construire les Halles, le Louvre, et acheva Notre-Dame.

Un jour, de lourdes charrettes, traînées par des chevaux, passaient près du Louvre. Elles s'embourbèrent dans le chemin, et, remuant la boue, en firent sortir une odeur insupportable. Le roi, qui était à la fenêtre, ne put y tenir; il se retira dans le palais, où la mauvaise odeur le poursuivit. — Le lendemain, il donna des ordres pour que toutes les rues de Paris fussent pavées.

Questionnaire. — 1. Que voulaient faire les Anglais? — Avec qui s'allièrent-ils? — Que fit alors Philippe Auguste? — 2. Où et quand eut lieu la bataille? — Montrez *Bouvines* sur la carte. — Qu'arriva-t-il pendant la bataille? — 3. Comment Philippe Auguste administra-t-il son royaume? — Quels monuments fit-il construire? — A quelle occasion fit-il paver les rues de Paris?

LEÇON. — *Louis VIII (1223-1226) et Louis IX (1226-1270).*

1. Louis VIII. — Louis VIII, fils de Philippe Auguste, ne régna que trois années. En mourant, il laissa la couronne à son fils, Louis IX, âgé de onze ans.

Blanche de Castille, mère de saint Louis.

2. Blanche de Castille. — Trop jeune pour régner, Louis IX fut confié à sa mère, Blanche de Castille, nommée régente, c'est-à-dire gouvernante du royaume.

3. Révolte des seigneurs. — Les seigneurs crurent l'occasion favorable pour se révolter, et ils s'allièrent avec les Anglais. Blanche leur résista habilement et quand saint Louis fut devenu grand, il les battit à Taillebourg.

4. Croisade de saint Louis. — En 1248, saint Louis partit pour la croisade. Il alla en Égypte combattre les Sarrasins. Il fut d'abord vainqueur, mais la fatigue et la maladie firent périr beaucoup de soldats, et saint Louis fut fait prisonnier.

Saint Louis enfant.

LECTURE. — *Saint Louis.*

5. Blanche de Castille aimait beaucoup son fils; elle lui donna une éducation pieuse, le confia à de sages précepteurs et fit de lui un homme de bien. Prince doux, poli, charitable, juste, saint Louis devint le modèle des rois et des chevaliers.

Étant tombé gravement malade, il fit vœu d'aller en Terre Sainte s'il se rétablissait. Aussi, dès qu'il fut guéri, il partit malgré les prières de sa mère, qui voulait le retenir en France.

Quand il fut fait prisonnier en Égypte, il montra dans le malheur une résignation si grande et un courage si remarquable, qu'il excita l'admiration de tous ses ennemis.

1. Blanche de Castille se voua tout entière à l'éducation de son fils, qui devint bon, juste, brave, pieux et charitable.

2. En 1242, saint Louis battit au pont de Taillebourg les Anglais et les seigneurs révoltés contre l'autorité royale.

3. En 1248, saint Louis partit pour la croisade. Il s'embarqua à Aiguesmortes et alla en Egypte combattre les Sarrasins.

4. Fait prisonnier, il excita l'admiration de ses ennemis par son courage et ses vertus. Il acheta sa liberté en rendant la ville de Damiette.

5. De retour en France, il s'occupa de bien gouverner le royaume. Souvent il rendait lui-même la justice sous le chène de Vincennes.

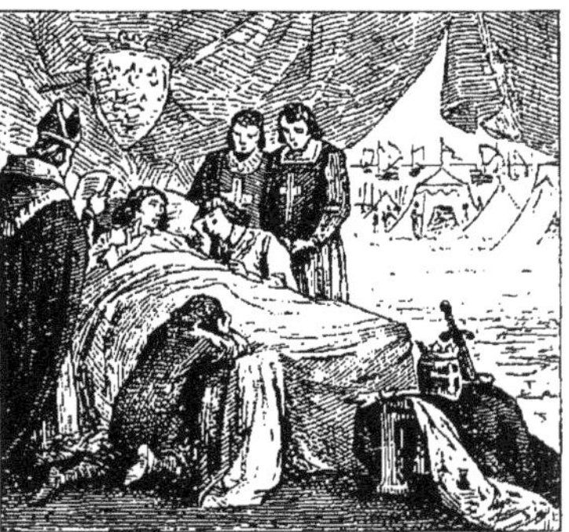

6. En 1270, il entreprit une croisade à Tunis; mais, atteint de la peste, il mourut en donnant à son fils les plus sages conseils.

Élocution. — Que représente ce tableau ? — Quel fléau désolait l'armée ? — Que fait saint Louis ? — Que sont ces nuages qui s'élèvent au loin, à gauche ? — En quelle année cela se passait-il ?

LEÇON. — *Saint Louis* (suite).

1. Administration de saint Louis. — Saint Louis recouvra la liberté en rendant aux Sarrasins la ville de Damiette, dont il s'était emparé. Ayant appris que sa mère était morte, il revint en France, où il s'occupa activement de bien gouverner le royaume.

Très bon, très charitable, il se fit aimer de tous. Souvent il allait s'asseoir sous un chêne, au bois de Vincennes, près de Paris, et il rendait la justice à ceux qui la lui demandaient.

2. Seconde croisade de saint Louis. — De mauvaises nouvelles étant arrivées de la Terre Sainte, Louis IX entreprit une seconde croisade. Il se dirigea vers Tunis ; mais, à peine débarquée, son armée fut ravagée par la peste. Il fut lui-même atteint du fléau et mourut en 1270.

LECTURE. — *Mort de saint Louis.*

3. Tunis était à cette époque le repaire de pirates qui dévastaient les rivages de la Méditerranée. Sur les conseils de son frère, Charles d'Anjou, saint Louis résolut de les exterminer.

Les Français arrivèrent donc sur cette plage déserte et brûlante de l'Afrique. Tout leur manqua : ils étaient mal abrités, mal nourris ; pour boire, ils n'avaient que de l'eau de mares infectes. Autour d'eux rôdaient les Sarrasins, qui enlevaient les chevaliers isolés, et qui, des hauteurs voisines, soulevaient le sable avec des machines et le lançaient en nuages brûlants dans le camp français. La peste désola l'armée, et bientôt on n'eut plus même la force d'ensevelir les morts. Saint Louis donnait des soins à ses soldats et les encourageait ; mais il fut à son tour atteint par le fléau. Il se fit alors coucher sur un lit de cendres, et mourut après avoir donné à son fils les plus sages conseils.

Questionnaire. — 1. Comment saint Louis recouvra-t-il sa liberté ? — Montrez *Damiette* sur la carte. — Quand revint-il en France ? — Pourquoi fut-il aimé ? — 2. Que savez-vous de la seconde croisade ? — 3. Racontez la seconde croisade et la mort de saint Louis. — Montrez *Tunis* sur la carte.

En 1302, Philippe le Bel convoqua les *États généraux*, dans l'église Notre-Dame de Paris — Les États généraux étaient la réunion des représentants de la noblesse, du clergé et de la bourgeoisie.

LEÇON. — *Philippe III (1270-1285) et Philippe IV (1285-1314).*

1. Philippe III. — Philippe III le Hardi, qui avait suivi à la croisade son père saint Louis, ramena en France les débris de l'armée. Il mourut après un règne de quinze ans, et son fils, Philippe IV le Bel, fut proclamé roi.

2. Philippe IV. — Philippe le Bel fortifia le pouvoir royal. Il eut avec le pape Boniface VIII une violente querelle, pendant laquelle il convoqua pour la première fois les États généraux, qui lui donnèrent raison contre le pape.

3. Les Templiers. — Philippe le Bel abolit l'ordre des Templiers pour s'emparer de leurs richesses.

Ses trois fils lui succédèrent l'un après l'autre, et moururent sans enfants. Avec eux finirent les Capétiens directs.

LECTURE. — *Les États généraux.*

4. Pendant la féodalité, chaque seigneur avait sa cour particulière. La France n'était pas un État obéissant à un seul chef, mais une réunion d'États plus ou moins grands.

A mesure que les Capétiens agrandirent leur domaine et fortifièrent leur pouvoir, la France fut moins morcelée et plus unie. Les rois prirent l'habitude de consulter non seulement leurs vassaux, c'est-à-dire les nobles, mais encore les bourgeois instruits.

Aussi quand Philippe le Bel voulut être soutenu par ses sujets contre le pape, il convoqua en même temps les représentants de la noblesse, ceux du clergé et ceux de la bourgeoisie ou tiers état. Cette assemblée s'appela *États généraux*.

Questionnaire. — 1. Qui succéda à saint Louis ? — Qui succéda à Philippe III ? — 2. Avec qui Philippe IV eut-il des démêlés ? — Que fit-il alors ? — 3. Pourquoi détruisit-il les Templiers ? — Quelle branche des Capétiens finit avec les fils de Philippe IV ? — 4. Qu'appelait-on États généraux ?

LECTURE. — *Le Supplice des Templiers.*

Le supplice des Templiers.

L'ordre des chevaliers du Temple avait été fondé après la première croisade. Les Templiers, qui étaient à la fois moines et soldats, acquirent de grands biens en Asie et en Europe, et devinrent très riches, très puissants.

Philippe le Bel, qui convoitait leurs richesses, fit abolir l'ordre par le pape. Les Templiers furent arrêtés, mis en prison, et, après un procès injuste, condamnés à être brûlés.

Tous, et particulièrement le grand maître de l'ordre, Jacques de Molay, moururent avec dignité et courage, en protestant de leur innocence (1314).

Questionnaire. — Quand fut fondé l'ordre du Temple ? — Qu'étaient-ce que les Templiers ? — Étaient-ils riches ? — Pourquoi Philippe le Bel les fit-il supprimer ? — A quoi furent-ils condamnés ? — Comment s'appelait leur grand maître ? — Quand eut lieu leur supplice ?

VIᵉ RÉSUMÉ. — *LES CAPÉTIENS.*

En 987, les Capétiens remplacent les Carolingiens sur le trône. Les rois Hugues Capet et Robert sont soutenus par l'Église.

En 1060, Philippe Iᵉʳ monte sur le trône; sous son règne, les Normands s'emparent de l'Angleterre et la première croisade a lieu en 1097.

En 1108, Louis VI le Gros devient roi; il fait une guerre acharnée aux seigneurs.

En 1137, Louis VII monte sur le trône; il entreprend la seconde croisade. — Suger gouverne pendant son absence.

En 1180, Philippe Auguste est proclamé roi; il entreprend la troisième croisade; il s'empare ensuite de la Normandie et du Poitou; il bat les alliés à Bouvines en 1214, et administre sagement la France.

En 1223, Louis VIII le remplace sur le trône, et, en 1226, il est à son tour remplacé par saint Louis. Blanche de Castille est régente.

En 1242, saint Louis bat les seigneurs à Taillebourg. En 1248, il part pour la croisade, en Égypte. A son retour, il gouverne justement. — En 1270, il part de nouveau et meurt à Tunis.

Philippe III lui succède, et est, en 1285, remplacé par Philippe IV le Bel; celui-ci combat les seigneurs, convoque les États généraux et abolit l'ordre des Templiers.

Avec ses trois fils finit la branche des Capétiens directs.

La reine d'Angleterre obtint, par ses prières, la grâce des bourgeois de Calais.

CHAPITRE V. — LA GUERRE DE CENT ANS

LEÇON. — *Philippe VI de Valois* (1328-1350).

1. Guerre de Cent ans. — Le dernier des fils de Philippe le Bel était mort sans enfants. La couronne fut disputée par ses deux cousins, Philippe de Valois et Édouard, roi d'Angleterre, qui possédait déjà des provinces en France. Philippe l'emporta, et alors éclata entre l'Angleterre et la France une guerre qui dura plus de cent ans.

2. Crécy. — Les chevaliers français étaient braves, mais téméraires et imprudents ; aussi furent-ils vaincus à Crécy, en 1346, par l'infanterie anglaise, qui était bien organisée et bien disciplinée.

3. Calais. — Après cette victoire, les Anglais prirent Calais, qu'ils gardèrent pendant plus de deux cents ans.

LECTURE. — *Les Bourgeois de Calais.*

4. Après la bataille de Crécy, où les Anglais s'étaient servis, pour la première fois, de bombardes ou canons, Edouard III alla mettre le siège devant Calais, qui résista pendant plus d'un an. Furieux, le roi d'Angleterre déclara qu'il ferait mettre à mort tous les habitants. Il consentit toutefois à les épargner, à condition que six des principaux bourgeois vinssent, la corde au cou et les pieds nus, lui apporter les clefs de la ville pour être pendus ensuite.

Eustache de Saint-Pierre et cinq de ses compagnons se dévouèrent au salut de leurs concitoyens. En chemise, pieds nus et la corde au cou, ils se présentèrent devant Edouard III et lui offrirent les clefs de la ville. Le roi ordonna qu'on les exécutât aussitôt ; mais la reine d'Angleterre se jeta à ses genoux et obtint, par ses prières et ses larmes, la grâce des prisonniers.

LEÇON. — *Jean le Bon* (1350-1364).

1. Jean le Bon. — Jean le Bon succéda à son père Philippe VI, et fut encore plus malheureux que lui dans sa lutte contre l'Angleterre.

2. Poitiers. — N'écoutant que sa folle bravoure, il attaqua les Anglais près de Poitiers en 1356; il fut vaincu et fait prisonnier avec un grand nombre de ses chevaliers.

3. Étienne Marcel. La Jacquerie. — A la nouvelle de cette défaite, Paris se souleva à la voix d'Étienne Marcel, prévôt des marchands. Les paysans, que par dérision on appelait les *Jacques*, se révoltèrent et dévastèrent les campagnes. La misère fut horrible.

4. Brétigny. — Jean le Bon mourut prisonnier à Londres (1364), après avoir signé le honteux traité de Brétigny, qui livrait aux Anglais plus du tiers de la France.

LECTURE. — *Le Grand Ferré.*

5. Les Anglais parcouraient la France, pillant, volant, semant partout la frayeur. Quelques paysans des environs de Compiègne se

Le grand Ferré chasse les Anglais.

réfugièrent dans un petit fort et choisirent pour chef un des leurs, nommé Guillaume l'Aloue.

Les Anglais vinrent les attaquer. Ils pénétrèrent sans difficulté dans le fort et blessèrent mortellement Guillaume. A cette vue, le grand Ferré, valet de Guillaume, homme d'une taille gigantesque, brandit sa hache et tua à lui seul quarante Anglais, sans compter les blessés. Les assaillants effrayés s'enfuirent en désordre.

Le lendemain, d'autres Anglais recommencèrent l'attaque sans plus de succès. Le grand Ferré, après la bataille, but imprudemment de l'eau froide : il fut saisi par la fièvre et dut prendre le lit. Douze Anglais accoururent pour l'égorger; mais le grand Ferré, oubliant son mal, saisit sa lourde hache, s'adossa contre un mur, tua cinq ennemis et mit les autres en fuite. Après ce dernier effort, il se recoucha, la fièvre redoubla, et il mourut (1359).

Questionnaire. — 1. Qui succéda à Philippe VI? — Est-ce que Jean le Bon fut heureux dans la guerre contre les Anglais? — 2. Où fut-il vaincu? — En quelle année? — Montrez *Poitiers* sur la carte. — 3. Que se passa-t-il à Paris? — Qu'arriva-t-il dans les campagnes? — 4. Que devint Jean le Bon? — Quel traité signa-t-il? — Que donnait ce traité aux Anglais? — Montrez *Brétigny* sur la carte. — 5. Racontez l'histoire du grand Ferré. — Montrez *Compiègne* sur la carte.

BATAILLE DE POITIERS

Jean le Bon, la tête nue, blessé deux fois au visage, se défendait avec énergie. Son quatrième fils, Philippe, trop jeune pour frapper, veillait aux jours du roi, en lui criant : « Mon père, prenez garde, à droite, à gauche, derrière vous ! » à mesure qu'il voyait approcher un ennemi.

Liv. Prép. H. F.

LEÇON. — *Charles V* (1364-1380).

1. Charles V. — Charles V, fils et successeur de Jean le Bon, avait une santé frêle et maladive; il ne pouvait ni porter une arme, ni monter à cheval, mais il était sage et prudent.

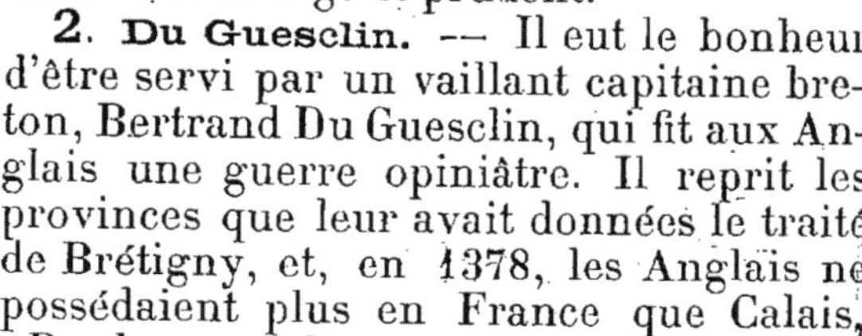

Charles V, roi de France.

2. Du Guesclin. — Il eut le bonheur d'être servi par un vaillant capitaine breton, Bertrand Du Guesclin, qui fit aux Anglais une guerre opiniâtre. Il reprit les provinces que leur avait données le traité de Brétigny, et, en 1378, les Anglais ne possédaient plus en France que Calais, Cherbourg, Brest, Bordeaux et Bayonne.

3. Administration. — Pendant que Du Guesclin remportait des victoires, Charles V gouvernait habilement le royaume, et, à sa mort, en 1380, la France souffrait déjà moins des maux qui l'avaient accablée.

LECTURE. — *Bertrand Du Guesclin.*

4. Bertrand Du Guesclin, fils d'un chevalier breton, naquit près de Rennes. Il était laid, noir, court de taille, mais fort et robuste. Tout jeune, il était hargneux, querelleur, batailleur, bref la terreur de ses camarades. En grandissant, il conserva son humeur belliqueuse; mais il devint bon, juste et généreux. Célèbre par son courage, sa force et son adresse, il se couvrit de gloire en faisant aux Anglais une guerre de ruses et d'escarmouches.

Le Louvre, palais des rois de France.
(sous Charles V.)

Charles V l'appela auprès de lui et lui donna le commandement de ses troupes. Dès lors, les Anglais furent battus partout; les villes et les châteaux forts tombèrent au pouvoir de Du Guesclin. Enfin, il seconda si bien Charles V, que celui-ci le nomma connétable, c'est-à-dire chef de tous les soldats du royaume. Du Guesclin mourut devant la petite ville de Châteauneuf-Randon (Lozère), et Charles V le fit enterrer dans la basilique de Saint-Denis, près des tombeaux des rois de France (1380).

1. Du Guesclin ne rêvait que combats. Dès neuf ans, il réunissait tous les enfants de son âge, les divisait en bataillons et jouait à la petite guerre. On se battait si fort que plus d'un combattant rentrait chez lui le visage en sang et les habits en loques.

2. Dans un tournoi, à Rennes, il se distingua par sa force et son adresse. Il renversa tous ses adversaires, bien qu'il n'eût que dix-sept ans.

3. A la tête de quelques hommes, il fit aux Anglais une guerre sans trêve. Il devint bientôt la terreur des ennemis.

4. Charles V, pour récompenser le vaillant chevalier breton, le nomma connétable, c'est-à-dire chef de tous les soldats de France.

5. En 1380, Du Guesclin mourut en assiégeant Châteauneuf-Randon. Les Anglais déposèrent sur son cercueil les clefs de la ville.

Élocution. — Que représente ce tableau ? — Que dit cet homme au roi ? — Où cela se passait-il ? — Montrez *Le Mans* sur la carte.

LEÇON. — *Charles VI (1380-1422).*

1. Charles VI. — Charles VI n'avait que douze ans lorsqu'il succéda à son père. Ses oncles s'emparèrent du pouvoir et dépensèrent bien vite les économies faites par Charles V.

2. Folie du roi. — Devenu homme, Charles VI se conduisit comme un bon roi et renvoya ses oncles ; mais il devint fou, et la France retomba de nouveau dans le malheur.

3. Azincourt. — Les Anglais profitèrent de l'occasion : ils débarquèrent en France et gagnèrent la bataille d'Azincourt en 1415.

4. Traité de Troyes. — D'accord avec la reine de France, Isabeau de Bavière, les Anglais firent signer à Charles VI, en 1420, le désastreux traité de Troyes, par lequel le roi d'Angleterre fut proclamé successeur de Charles VI.

LECTURE. — *Folie de Charles VI.*

5. Charles VI allait faire la guerre au duc de Bretagne. Comme il traversait la forêt du Mans, par une chaleur accablante, il vit venir à lui un homme couvert de haillons et qui, saisissant la bride de son cheval, lui dit d'une voix sinistre : « Roi, ne va pas plus loin, tu es trahi ! » Puis, l'homme s'enfuit à travers les arbres. Cette apparition troubla beaucoup Charles VI, atteint depuis quelque temps d'une maladie nerveuse.

Un moment après, un soldat qui dormait laissa tomber sa lance sur le casque de son voisin. A ce bruit, le roi se crut trahi ; il tira son épée, poussa de grands cris et se mit à frapper tous ceux qui l'entouraient. C'est à grand'peine qu'on parvint à le désarmer. Il avait perdu la raison, et il resta fou jusqu'à la fin de ses jours.

Questionnaire. — 1. Qui succéda à Charles V ? — Quel âge avait Charles VI ? — Qui s'empara du pouvoir ? — 2. Quel malheur frappa Charles VI ? — 3. Où les Anglais battirent-ils les Français ? — En quelle année ? — Montrez *Azincourt* sur la carte. — 4. Quel traité signa Charles VI ? — Montrez *Troyes* sur la carte. — Qui devint roi de France ? — 5. Racontez comment Charles VI devint fou.

LEÇON. — *Charles VII (1422-1461).*

1. Charles VII. — Charles VII, fils de Charles VI, avait été exclu du trône par le traité de Troyes. Cependant quelques villes tenaient encore pour lui; mais Orléans, la plus importante, était sur le point d'être prise par les Anglais.

2. Jeanne d'Arc. — C'est alors qu'une jeune paysanne, Jeanne d'Arc, apparut pour sauver la France.

Elle alla trouver le roi à Chinon et obtint de lui quelques soldats, avec lesquels elle délivra Orléans.

Charles VII, roi de France.

3. Mort de Jeanne d'Arc. — Jeanne conduisit Charles VII à Reims pour le faire sacrer roi de France. Mais, quelques jours après, elle fut prise à Compiègne et condamnée par les Anglais à être brûlée vive. Le supplice eut lieu à Rouen, en 1431.

LECTURE. — *Jeanne d'Arc.*

4. Jeanne d'Arc naquit en Lorraine, à Domremy, près de Vaucouleurs. Ses parents étaient des cultivateurs honnêtes et charitables.

Elle passa ses jeunes années dans la maison paternelle, dont le jardin touchait à l'église du village. Elle s'occupait des soins du ménage, filait, cousait et allait quelquefois garder les moutons. Elle était très douce, très pieuse, très bonne pour les pauvres.

Souvent, à la veillée, Jeanne entendait le récit des malheurs qui désolaient le royaume de France, et elle s'en montrait vivement affligée. Elle y rêvait sans cesse.

« J'entends des voix, disait-elle, qui me commandent d'aller trouver Charles VII pour l'aider à recouvrer son royaume. »

Elle décida l'un de ses oncles à la conduire auprès du capitaine de Vaucouleurs, qui, cédant à ses prières, lui donna six hommes d'armes pour la mener à Chinon, où se trouvait Charles VII. Sans hésiter elle reconnut le roi, qui s'était caché parmi les seigneurs; elle lui dit qu'elle était envoyée par Dieu pour le sauver. Charles VII se laissa convaincre; il lui fit donner un costume de guerrier et lui confia le commandement d'une troupe de soldats.

Questionnaire. — 1. Qui succéda à Charles VI ? — Quelle ville assiégèrent les Anglais ? — 2. Qui vint délivrer le royaume ? — Montrez sur la carte : *Domremy, Orléans, Chinon, Reims, Compiègne, Rouen.* — 3-4. Racontez l'histoire de Jeanne d'Arc jusqu'à son départ de Chinon.

LEÇON. — *Charles VII (suite).*

1. Les Anglais chassés. — Les Anglais ne retirèrent aucun profit de la mort de Jeanne d'Arc. La France continua de se défendre bravement. Battus à Formigny, puis à Castillon, les Anglais furent enfin chassés de France, où ils ne conservèrent que Calais.

La guerre de Cent ans était terminée en 1453.

Jacques Cœur, argentier de Charles VII.

2. Administration. — Quand Charles VII eut reconquis son royaume, il comprit qu'il devait le rendre fort. Il organisa une armée régulière, et, secondé par son argentier, Jacques Cœur, il encouragea le commerce, qui rend les peuples riches et puissants.

LECTURE. — *Jeanne d'Arc (suite).*

3. A la tête d'une petite troupe, Jeanne partit pour Orléans, et en six jours la ville fut délivrée. Elle alla ensuite chercher le roi pour le faire couronner à Reims. Pendant la cérémonie, elle se tint debout près de l'autel, son étendard à la main.

Jeanne croyait alors sa mission terminée. Elle voulait retourner auprès de ses parents, mais on la retint. Depuis elle ne combattit ni avec la même énergie, ni avec le même bonheur. Blessée à l'attaque de Paris et prise à Compiègne par les Bourguignons, amis des Anglais, elle fut vendue à ces derniers, qui la condamnèrent à être brûlée vive.

Jeanne fut conduite sur la place du Vieux-Marché, à Rouen. Attachée sur le bûcher, elle voulut que, pendant le supplice, on tînt une croix élevée devant ses yeux.

Bientôt, le feu et la fumée commencèrent à l'envelopper; on l'entendit prier et le dernier mot qui sortit de sa bouche fut celui de Jésus.

Tous les assistants pleuraient. Quand il ne resta plus rien de la bonne Lorraine, beaucoup parmi les spectateurs ne se cachèrent pas pour dire que Jeanne avait été injustement condamnée. D'autres, qui avaient vivement souhaité son supplice, furent brusquement saisis de remords et s'enfuirent tout troublés.

Un secrétaire du roi d'Angleterre Henri VI s'écria : « Nous sommes perdus, nous avons brûlé une sainte. »

Questionnaire. — 1. Où furent vaincus les Anglais? — Montrez sur la carte : *Formigny, Castillon.* — Quelle ville gardèrent-ils? — Quand se termina la guerre de Cent ans? — 2. Que fit Charles VII quand il eut reconquis le royaume? — Qui l'aida dans sa tâche? — 3. Racontez la fin de l'histoire de Jeanne d'Arc, depuis la délivrance d'Orléans jusqu'à la mort de l'héroïne.

1. Jeanne allait quelquefois garder les moutons: « J'entends des voix, disait-elle, qui me commandent d'aller sauver la France. »

2. Elle alla trouver Charles VII à Chinon. Elle le reconnut au milieu des seigneurs et le supplia de lui donner quelques soldats.

3. Jeanne attaqua les Anglais qui assiégeaient Orléans. Elle s'empara de leurs forts, les en chassa et, en six jours, délivra la ville (1429).

4. Elle conduisit ensuite Charles VII à Reims pour le faire sacrer roi. Jeanne tenait son étendard levé pendant la cérémonie.

5. Ayant voulu secourir la ville de Compiègne assiégée par les Bourguignons, amis des Anglais, Jeanne fut faite prisonnière.

6. Les Bourguignons vendirent Jeanne aux Anglais. Ceux-ci la condamnèrent à être brûlée vive à Rouen, en l'année 1431.

Élocution. — Que représente ce tableau? — Qui donne l'assaut à la ville? — Par qui fut défendu Beauvais? — Qui se distingua? — Que fit Jeanne Hachette? — Montrez *Beauvais* sur la carte.

LEÇON. — *Louis XI* (1461-1483).

1. Les seigneurs. — Pendant tout son règne, Louis XI, fils de Charles VII, fit la guerre aux grands seigneurs. Le plus redoutable et le plus acharné de tous était Charles le Téméraire, duc de Bourgogne.

2. Entrevue de Péronne. — Louis XI essaya de faire la paix avec lui dans une entrevue à Péronne, mais il n'y réussit pas et la guerre recommença.

3. Mort de Charles. — Charles le Téméraire ne fut pas heureux : il échoua au siège de Beauvais, puis il fut vaincu à Granson et à Morat par les Suisses, dont il voulait conquérir le pays; enfin, il fut tué près de Nancy en 1477.

LECTURE. — *Siège de Beauvais.*

Charles le Téméraire,
duc de Bourgogne.

4. Lorsque les soldats de Charles le Téméraire arrivèrent devant Beauvais, ils crurent qu'il leur serait facile de s'emparer d'une ville sans défense. Mais les habitants s'armèrent à la hâte, et les femmes jetèrent sur les assiégeants de l'huile bouillante et des pierres.

Une jeune fille, Jeanne Laisné, surnommée Jeanne *Hachette*, parce qu'elle était armée d'une petite hache, se distingua par son courage; elle précipita du haut de la muraille le porte-drapeau bourguignon, et s'empara de l'étendard.

Charles le Téméraire, surpris d'une résistance aussi opiniâtre, ordonna la retraite de ses troupes.

Questionnaire. — 1. De qui Louis XI était-il fils? — Pendant quel siècle régna-t-il? — A qui fit-il la guerre? — Quel était son ennemi le plus redoutable? — 2. Où eut lieu une entrevue entre Louis XI et Charles? — Montrez *Péronne* sur la carte. — 3. Qu'arriva-t-il à Charles le Téméraire? — Montrez *Granson, Morat, Nancy*, sur la carte. — 4. Faites le récit du siège de Beauvais.

Louis XI vivait dans son château de Plessis-lez-Tours, entouré de gens de petite condition.

LEÇON. — *Louis XI (suite).*

1. Acquisitions. — A la mort de Charles le Téméraire, Louis XI acquit la Bourgogne; il réunit aussi à ses États la Provence, le Maine et l'Anjou.

2. Gouvernement. — Par la force, et surtout par la ruse, Louis XI triompha des grands seigneurs. Il se vengea cruellement de ses ennemis : il en fit mourir plusieurs et en enferma d'autres dans des cages de fer.

Malgré ses défauts, Louis XI fut un grand roi : il ruina le parti des seigneurs et fit de bonnes lois pour le bien de tous. Il mourut à Plessis-lez-Tours en 1483.

LECTURE. — *Portrait de Louis XI.*

3. Louis XI était chétif, sobre et simple dans sa mise. Il n'aimait ni les grands dîners, ni les brillantes compagnies, ni les beaux costumes, comme les seigneurs de son temps. Il portait un vieux pourpoint rapiécé et un chapeau en feutre râpé. Il se couvrait de médailles et de reliques, pensant qu'elles le préserveraient de la mort.

Louis XI.

Il était hypocrite, vindicatif et cruel; il promettait toujours beaucoup et ne donnait jamais rien. Retiré dans son château de Plessis-lez-Tours, il y vivait dans la société d'Olivier le Daim, son barbier, et de Tristan l'Hermite, bourreau ordinaire de Sa Majesté. Sa demeure, bâtie au milieu d'épaisses forêts peuplées de corbeaux, était sombre et lugubre.

Louis XI triompha, presque sans combat, des seigneurs révoltés contre lui. Il confisqua leurs terres, se les appropria, et ainsi agrandit considérablement le domaine royal.

Questionnaire. — 1. Quelles provinces Louis XI réunit-il à ses États? — Montrez sur la carte la *Bourgogne*, la *Provence*, le *Maine*, l'*Anjou*. | 2. Comment triompha-t-il? — De quelle façon se vengea-t-il? — Louis XI fut-il un grand roi? — 3. Faites le portrait de Louis XI? — Où et comment vivait-il?

Ve RÉSUMÉ.

CAPÉTIENS-VALOIS. — GUERRE DE CENT ANS.

En 1328, Édouard III disputa le trône de France à Philippe VI; il ne put l'obtenir, et ce fut l'origine de la guerre de Cent ans. La guerre de Cent ans se divise en quatre périodes :

1re PÉRIODE. (*Période de revers.*)

En 1346, les Français sont vaincus à Crécy.

En 1347, les Anglais s'emparent de Calais, qu'ils gardent pendant deux cents ans.

En 1350, Jean le Bon succède à son père Philippe VI.

En 1356, les Français sont battus près de Poitiers, Jean le Bon est fait prisonnier et conduit à Londres.

En 1360, Jean signe le honteux traité de Brétigny.

A Paris, les bourgeois se révoltent à la voix d'Étienne Marcel; dans les campagnes, les paysans (Jacques) dévastent tout.

2e PÉRIODE. (*Période de succès.*)

En 1364, Charles V succède à son père Jean le Bon.

Du Guesclin fait une guerre sans relâche aux Anglais; il leur reprend les provinces qu'ils ont conquises. Charles V gouverne avec sagesse.

En 1378, les Anglais ne possèdent plus que cinq villes.

En 1380, Du Guesclin meurt. Charles V le suit dans la tombe et Charles VI monte sur le trône.

3e PÉRIODE. (*Période de revers.*)

Charles VI devient fou; la France est désolée par la guerre civile et par la guerre contre les Anglais.

En 1415, les Anglais sont vainqueurs à Azincourt.

En 1420, Charles VI signe le traité de Troyes, qui déshérite son fils et reconnaît le roi d'Angleterre comme roi de France. Charles VII, exclu du trône, se réfugie sur les bords de la Loire.

4e PÉRIODE. (*Période de succès.*)

En 1429, apparaît Jeanne d'Arc; elle délivre Orléans et fait sacrer le roi à Reims. Blessée à Paris, elle est prise à Compiègne.

En 1431, elle est brûlée à Rouen.

En 1451, les Anglais sont vaincus à Formigny.

En 1453, ils sont battus à Castillon. — La guerre de Cent ans est terminée.

En 1461, Louis XI succède à son père Charles VII. Il combat les grands seigneurs dont le plus puissant est Charles le Téméraire.

En 1477, Charles le Téméraire est tué près de Nancy.

Louis XI fortifie le pouvoir royal et réunit à la couronne la Bourgogne, la Provence, l'Anjou et le Maine.

LECTURE. — *Les Grandes Découvertes.*

Il se produisit, au xvᵉ siècle, trois découvertes d'une très grande importance : 1º l'invention des armes à feu ; 2º l'invention de l'imprimerie ; 3º la découverte de l'Amérique.

LES ARMES A FEU.

Depuis très longtemps, les Chinois avaient inventé la poudre, mais ce ne fut qu'à la bataille de Crécy, en 1346, que les Anglais en firent usage les premiers en Europe. Il y eut d'abord des canons grossiers, faits de troncs d'arbres, cerclés de fer ; peu à peu, on les perfectionna. On fabriqua également des armes à feu, portées par un homme ; ce furent les premiers fusils.

Les pesantes armures des chevaliers, qui résistaient à la piqûre des flèches, aux coups de lance et d'épée, furent traversées par les projectiles des armes à feu. Dès lors, les nobles bardés de fer ne furent plus redoutables sur les champs de bataille. La chevalerie disparut peu à peu ; et, avec elle, la puissance des seigneurs.

L'IMPRIMERIE.

En 1436, Jean Gutenberg, né à Mayence, inventa l'imprimerie. Avant lui, il n'y avait que des manuscrits, c'est-à-dire des livres écrits tout entiers à la main. Ces livres coûtaient très cher, parce qu'il fallait beaucoup de temps pour les écrire ; seuls, les gens riches pouvaient en acheter.

Grâce à Gutenberg, on put imprimer des livres en grande quantité, et l'instruction se répandit vite dans la bourgeoisie. Le premier livre imprimé fut la Bible, en 1455.

LA DÉCOUVERTE DE L'AMÉRIQUE.

L'invention de la boussole permit aux marins d'aller, sur les mers, à la recherche de terres inconnues.

Un navigateur génois, Christophe Colomb, résolut de s'aventurer sur l'océan Atlantique. Il demanda des navires et des marins à Gênes, sa patrie, qui les lui refusa. Il s'adressa ensuite au Portugal, sans être plus heureux. La reine de Castille, en Espagne, consentit enfin à lui donner de l'argent et trois petits navires.

Christophe Colomb.

Christophe Colomb partit le 3 août 1492, et s'élança bravement sur l'Atlantique. Il navigua sans relâche, ne voyant que la mer et le ciel. Plusieurs fois son équipage, qui se croyait perdu, se révolta pour être ramené en Europe. Colomb parvint, à force de courage et de promesses, à calmer ses matelots, et au bout de soixante-douze jours, comme le soleil se levait, la vigie cria du haut des mâts : « Terre ! terre ! » Tous les marins entonnèrent le *Te Deum*.

L'Amérique était découverte : le commerce maritime prit un grand développement, la bourgeoisie s'enrichit dans les affaires.

Colomb fit par la suite trois nouveaux voyages en Amérique. Il donna à l'Espagne de riches et vastes territoires, mais l'intrépide navigateur ne fut pas récompensé comme il le méritait : il mourut pauvre et abandonné.

Mariage de Charles VIII et d'Anne de Bretagne dans la chapelle du château de Langeais, en Touraine.

CHAPITRE VI. — LES GUERRES D'ITALIE

LEÇON. — *Charles VIII (1483-1498).*

1. Anne de Beaujeu. — Charles VIII n'avait que treize ans à la mort de son père Louis XI. Sa sœur, Anne de Beaujeu, fut nommée régente.

2. La Bretagne. — Plus tard, elle fit épouser à son frère Anne, duchesse de Bretagne, qui apporta cette grande province au domaine royal.

3. Guerres d'Italie. — Charles VIII commença les guerres d'Italie. Il conquit le royaume de Naples et vainquit ensuite les Italiens à la bataille de Fornoue, où se distingua Bayard. — Charles VIII mourut sans laisser d'enfants.

LECTURE. — *Bayard.*

4. Pierre Terrail, seigneur de Bayard, naquit dans le Dauphiné, près de Grenoble. Il reçut, dès son enfance, une éducation qui devait faire de lui le modèle des chevaliers.

A treize ans, il entra comme page chez le duc de Savoie. La bonne grâce et l'adresse qu'il montra dans un tournoi attirèrent l'attention de Charles VIII, qui le prit à son service.

Bayard brûlait du désir de combattre. Il suivit le roi lorsque celui-ci passa en Italie pour conquérir le royaume de Naples. A Fornoue, il fit merveille : il eut deux chevaux tués sous lui, et il prit un étendard ennemi qu'il offrit à Charles VIII, en 1495.

Bayard n'avait alors que dix-huit ans.

Questionnaire. — 1. Qui succéda à Louis XI? — Quel âge avait Charles VIII? — Qui gouverna le royaume? — 2. Qui épousa Charles VIII? — Quelle province fut réunie à la couronne? — 3. Quelle expédition fit Charles VIII? — Que con-quit-il? — Où fut-il vainqueur? — Montrez *Fornoue* sur la carte. — Qui se distingua dans cette bataille? — 4. Dites ce que vous savez sur Bayard depuis son enfance jusqu'à la bataille de Fornoue.

Élocution. — Mort de Gaston de Foix. — Qu'était-ce que Gaston de Foix? — Où fut-il tué? — Montrez *Ravenne* sur la carte.

LEÇON. — *Louis XII (1498-1515).*

1. Louis XII. — Après Charles VIII, ce fut Louis XII, son beau-frère, qui devint roi.

Louis XII continua la guerre en Italie, où ses armées combattirent pendant presque tout son règne.

2. En Italie. — Les Français rempor-tèrent des victoires, entre autres celle de Ravenne, où périt Gaston de Foix, neveu de Louis XII ; mais ils furent battus aussi et ne firent aucune conquête.

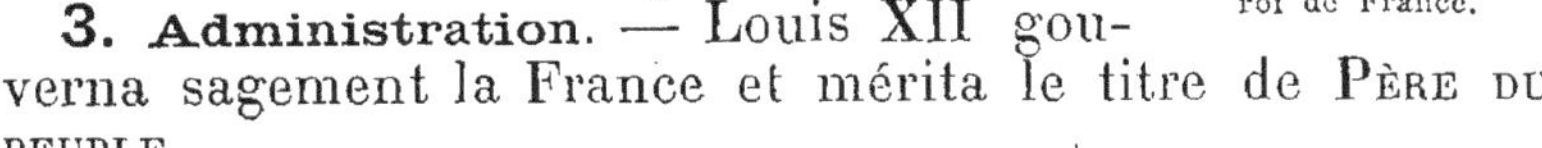

Louis XII,
roi de France.

3. Administration. — Louis XII gou-verna sagement la France et mérita le titre de PÈRE DU PEUPLE.

LECTURE. — *Bayard (suite).*

4. Bayard se couvrit de gloire pendant les guerres d'Italie. Il était d'une bravoure admirable et d'une loyauté sans égale ; il n'avait jamais eu peur, il n'avait jamais menti ; aussi l'appela-t-on le *Chevalier sans peur et sans reproche.*

Un jour que l'armée française battait en retraite devant les Espagnols, Bayard aperçut une troupe de soldats ennemis qui voulaient passer le pont du Garigliano, petit fleuve d'Italie, pour surprendre notre armée. Il dit aussitôt à un de ses amis d'aller prévenir les Français, puis il courut vers le pont pour barrer le chemin aux Espagnols. Il se défendit si bien à coups d'épée qu'il tua les premiers ennemis qui se présentèrent et qu'il empêcha les autres de passer.

Pendant ce temps, les Français accoururent et mirent les Espagnols en déroute. A lui seul, Bayard avait sauvé l'armée.

Élocution. — François Ier à Marignan. — Contre qui luttait-il? — Fut-il vainqueur? — Où se trouve Marignan? — Montrez *Marignan* sur la carte.

LEÇON. — *François Ier (1515-1547).*

1. Marignan. — Louis XII eut pour successeur son cousin, François Ier. — Le nouveau roi, qui aimait beaucoup la guerre, passa les Alpes et rencontra les Suisses à Marignan. Il les vainquit après un combat de deux jours en 1515.

2. Charles-Quint. — Il entra bientôt en lutte avec Charles-Quint, le monarque le plus puissant de l'Europe.

3. Pavie. — Les armées de François Ier, mal commandées, furent battues. Le brave Bayard fut tué, et, un an après, le roi lui-même fut fait prisonnier à Pavie en 1525.

LECTURE. — *Bayard (fin).*

4. Après la sanglante bataille de Marignan, François Ier voulut être armé chevalier par Bayard qui, pendant tout le combat, avait fait des prodiges de valeur.

Neuf ans plus tard, en 1524, le brave chevalier fut mortellement blessé dans la retraite d'Abbiategrasso. Atteint d'un coup d'arquebuse, il se fit porter sous un arbre, le visage tourné vers les Impériaux (soldats de l'empereur Charles-Quint). « Je n'ai jamais montré le dos à l'ennemi, dit-il, je ne veux pas commencer au moment de mourir. » Le connétable de Bourbon, qui avait trahi la France pour combattre dans les rangs espagnols, vint le voir et s'apitoya sur son sort. « Monsieur, lui répondit sévèrement Bayard, il ne faut pas avoir pitié de moi, car je meurs en homme de bien; mais j'ai pitié de vous, qui combattez contre votre roi, votre patrie et votre serment. » Et le brave chevalier expira, pleuré de tous, amis et ennemis.

Questionnaire.—1. Qui succéda à Louis XII? — Quelle victoire remporta François Ier? — En quelle année?—2. Quel fut son puissant ennemi?— 3. Pourquoi les Français furent-ils vaincus? — Où et quand François Ier fut-il fait prisonnier? — Montrez *Pavie* sur la carte.— 4. Pourquoi François Ier voulut-il être armé chevalier par Bayard?— Racontez la mort de Bayard. — Montrez *Abbiategrasso*.

1. Bayard fut, dès son enfance, habitué à tous les exercices physiques, dans lesquels il déploya une agilité et une adresse merveilleuses.

2. En 1495, à l'âge de dix-huit ans, il combattit vaillamment à Fornoue et s'empara d'un drapeau ennemi qu'il offrit à Charles VIII.

3. Un jour, en Italie, deux cents Espagnols s'élancèrent sur le pont du Garigliano pour surprendre les Français. Bayard accourut : seul, son épée à la main, il tua les premiers ennemis, arrêta les autres et donna le temps à ses compagnons de venir à son secours (1503).

4. Après Marignan, en 1515, François Ier voulut être armé chevalier par Bayard, surnommé le *chevalier sans peur et sans reproche*.

5. Blessé à mort à Abbiategrasso, en 1524, Bayard, avant d'expirer, reprocha au traître Bourbon son indigne et lâche conduite.

LEÇON. — *François Ier* (suite).

1. Le roi prisonnier. — François Ier fut conduit à Madrid, où il resta prisonnier pendant un an.

François Ier, roi de France.

2. Mort de François Ier. — Il fut obligé de signer un traité désastreux pour racheter sa liberté ; mais, à peine libre, il recommença la guerre et fut tour à tour vainqueur et vaincu.

Il mourut en 1547.

3. Administration. — François Ier mérita le nom de *Père des Lettres* à cause de la protection qu'il accorda aux savants et aux artistes ; il encouragea l'imprimerie et fonda à Paris le Collège de France, où vinrent enseigner les hommes les plus instruits.

LECTURE. — *La Renaissance.*

4. Pendant les guerres d'Italie, les Français eurent l'occasion d'admirer les chefs-d'œuvre des architectes, des sculpteurs, des peintres et des écrivains de ce pays. Ils voulurent les imiter. Les savants et les artistes français firent de si belles choses qu'il y eut une *Renaissance*, c'est-à-dire une nouvelle naissance, des lettres et des arts.

Il faut citer les noms des écrivains : Rabelais, Calvin, Montaigne, Marot et Ronsard ; ceux des artistes Delorme, Jean Goujon et Bernard Palissy.

Depuis Louis XI, le roi était le maître absolu ; les seigneurs, qui autrefois lui disputaient le pouvoir, recherchaient maintenant ses faveurs. La cour de France devint la plus puissante de l'Europe.

Château de Fontainebleau construit sous François Ier.

Le sombre château féodal, construit pour la guerre, fut remplacé par des châteaux élégants, bien aérés, superbement décorés, entourés de magnifiques jardins et faits pour les fêtes et les plaisirs.

Questionnaire. — 1. Où fut conduit François Ier après Pavie ? — Demeura-t-il longtemps à Madrid ? — 2. Comment recouvra-t-il la liberté ? — Une fois libre, que fit-il ? — Quand mourut-il ? — 3. Quel titre mérita François Ier ? — Pourquoi le mérita-t-il ? — 4. Nommez des écrivains, des artistes de la Renaissance. — Quelle fut la conduite des seigneurs envers le roi ? — Quelle différence y eut-il entre le château féodal et le château de la Renaissance ? — Montrez *Fontainebleau* sur la carte.

Élocution. — Siège de Metz. — Qui assiégeait Metz? — Qui défendait la ville? — Quelles souffrances endurèrent les assiégeants? — Les Français se conduisirent-ils bien envers les vaincus?

LEÇON. — *Henri II (1547-1559).*

1. Henri II. — Henri II, fils et successeur de François Iᵉʳ, continua la guerre contre Charles-Quint. Il s'empara des trois places fortes : Metz, Toul et Verdun.

2. Calais repris. — Les Anglais étaient alliés aux Espagnols; le duc François de Guise les attaqua et leur reprit Calais, qu'ils possédaient depuis plus de deux cents ans.

La paix de Cateau-Cambrésis, en 1559, mit fin aux guerres d'Italie.

3. Mort de Henri II. — Henri II mourut des suites d'une blessure qu'il reçut dans un tournoi.

LECTURE. — *Le Siège de Metz.*

4. A la nouvelle de la prise de Metz, de Toul et de Verdun, Charles-Quint entra dans une violente colère. Il vint en personne devant Metz avec cent mille hommes et une artillerie de cent pièces de canon. La garnison, bien commandée par le duc François de Guise, résista à tous les efforts des assiégeants.

Henri II, roi de France.

Charles-Quint n'en pouvait croire ses yeux. Bientôt son armée fut ravagée par le froid, la faim et les maladies; ses soldats mouraient en grand nombre, et au bout de six mois il fut obligé de lever le siège, abandonnant son artillerie, ses munitions et ses bagages. Les Français se mirent à la poursuite des vaincus; mais, émus de pitié à la vue de leur misère, ils en recueillirent et en nourrirent un grand nombre qui étaient sur le point de mourir (1553).

Questionnaire. — 1. Qui succéda à François Iᵉʳ? — De quelles villes s'empara Henri II? — Montrez sur la carte : *Metz, Toul, Verdun.* — 2. Quelle ville prit le duc de Guise? — Depuis combien de temps les Anglais possédaient-ils Calais? — Montrez *Calais, Cateau-Cambrésis,* sur la carte. — 3. Comment mourut Henri II? — 4. Dites ce que vous savez sur le siège de Metz.

VIᵉ RÉSUMÉ. — *LES GUERRES D'ITALIE.*

*En 1483, **Charles VIII**, fils de Louis XI, monte sur le trône. Sa sœur, Anne de Beaujeu, est régente. Charles VIII épouse Anne, duchesse de Bretagne, et réunit la Bretagne à ses États. Il commence les guerres d'Italie; il est vainqueur à Fornoue.*

*En 1498, **Louis XII** devient roi. Il continue les guerres d'Italie. Ses troupes sont tantôt victorieuses, tantôt vaincues. Bayard se couvre de gloire. Louis XII gouverne sagement la France.*

*En 1515, **François Iᵉʳ** lui succède et triomphe à Marignan. Il soutient ensuite contre Charles-Quint une longue lutte; mais ses armées sont vaincues: Bayard est tué et, en 1525, François Iᵉʳ est fait prisonnier à Pavie. Un an après, il recommence la guerre et la continue jusqu'à sa mort.*

CARTE DES GUERRES D'ITALIE.

*Son fils, **Henri II**, roi en 1547, s'empare de Metz, Toul et Verdun. Le duc de Guise reprend Calais aux Anglais (1558). La paix signée à Cateau-Cambrésis (1559) met fin aux guerres d'Italie.*

Pendant le cours du XVᵉ siècle, il se produit plusieurs grandes découvertes : 1° la découverte de l'Amérique qui développe le commerce et la navigation; 2° l'invention des armes à feu qui transforme l'art de la guerre; 3° l'invention de l'imprimerie qui multiplie les livres et favorise une Renaissance des lettres et des arts.

CHAPITRE VII. — LES GUERRES DE RELIGION

LEÇON. — *François II* (1559-1560). — *Charles IX* (1560-1574).

1. Guerre civile. — Pendant le règne des trois fils de Henri II, la France fut désolée par les guerres de religion : on appelle ainsi les guerres que se firent, au XVIe siècle, les catholiques et les protestants. Ces derniers étaient partisans de la nouvelle religion prêchée en France par Calvin.

François II, roi de France.

2. François II. — François II n'avait que seize ans à la mort de son père Henri II. Sa mère, Catherine de Médicis, princesse fourbe et rusée, s'empara du pouvoir.

3. Charles IX. — François II ne régna qu'un an; il eut pour successeur son frère Charles IX, qui laissa massacrer les protestants dans la nuit de la Saint-Barthélemy, en 1572.

Charles IX mourut deux ans plus tard, accablé de remords.

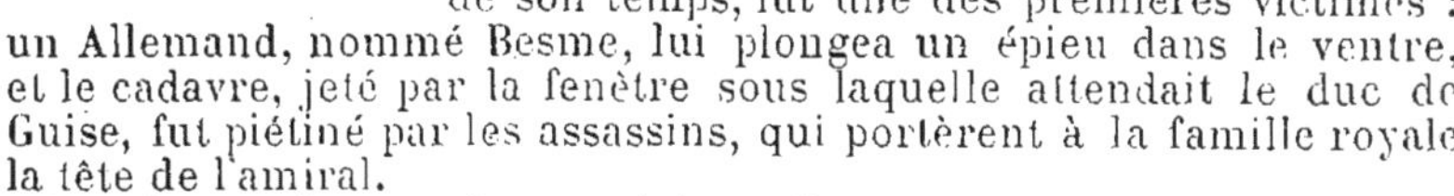

LECTURE. — *La Saint-Barthélemy*.

4. Tandis que le chancelier de France, le vertueux Michel de l'Hospital, faisait tous ses efforts pour entretenir la paix dans le royaume, Catherine de Médicis employait toute son habileté à faire éclater la guerre. Elle s'unit avec le duc Henri de Guise pour massacrer les protestants.

Charles IX, roi de France.

Le 24 août 1572, à deux heures du matin, les cloches de l'église Saint-Germain-l'Auxerrois donnèrent le signal d'une extermination de tous les protestants. Les assassins égorgèrent même les femmes et les enfants. Les cadavres étaient traînés dans les rues et jetés dans la Seine. L'amiral Coligny, l'un des plus beaux caractères de son temps, fut une des premières victimes : un Allemand, nommé Besme, lui plongea un épieu dans le ventre, et le cadavre, jeté par la fenêtre sous laquelle attendait le duc de Guise, fut piétiné par les assassins, qui portèrent à la famille royale la tête de l'amiral.

La plupart des provinces suivirent l'exemple de la capitale.

LEÇON. — *Henri III* (1574-1589).

1. Henri III. — Henri III succéda à son frère Charles IX. Ce prince frivole ne s'occupait que de toilettes et de plaisirs, pendant que les protestants et les catholiques ensanglantaient la France.

Henri III, roi de France.

2. Henri de Guise. — Henri de Guise espérait monter sur le trône ; il souleva Paris contre le roi, qui dut s'enfuir de la capitale. Henri III se vengea en faisant assassiner son rival à Blois (1588).

3. Mort de Henri III. — Aidé par Henri de Navarre, Henri III vint faire le siège de Paris, mais il fut assassiné par le moine Jacques Clément en 1589.

Catherine de Médicis, reine de France.

LECTURE. — *Henri de Navarre.*

4. Henri III, mort sans enfants, fut le dernier des Capétiens-Valois, qui occupaient le trône depuis Philippe VI (1328). La couronne revint à son cousin Henri, roi de Navarre, fils d'Antoine de Bourbon et de Jeanne d'Albret.

Château de Pau.

Henri de Navarre naquit au château de Pau en 1553. Dès qu'il fut venu au monde, son grand-père le prit dans ses bras, lui frotta les lèvres avec une gousse d'ail et les lui humecta avec du vin de Jurançon.

Le jeune prince fut élevé dans la rude vie des montagnards. Il courait les chemins avec les enfants des paysans, nu-tête et quelquefois nu-pieds en plein hiver, couvert de vêtements grossiers et nourri d'aliments communs.

Cette forte éducation le rendit brave, leste et vigoureux. En même temps on le confiait à des maîtres savants. De cette manière, son corps et son intelligence se développaient également.

Après avoir abjuré le protestantisme, Henri IV fit son entrée dans Paris, en 1594.

LEÇON. — *Henri IV (1589-1610).*

1. La Ligue et Henri IV. — A la mort de Henri III, la couronne revint à Henri de Navarre ; mais la Ligue, c'est-à-dire l'union des catholiques, refusa de le reconnaître pour roi, parce qu'il était protestant.

2. Arques et Ivry. — Henri de Navarre ou Henri IV dut conquérir son royaume. Il battit le duc de Mayenne, chef de la Ligue, à Arques et à Ivry, puis il vint assiéger Paris.

3. Abjuration de Henri IV. — Henri IV, voulant mettre fin à des guerres qui ruinaient le pays, se fit catholique, parce que le plus grand nombre des Français suivaient cette religion. Aussitôt Paris et les grandes villes de France lui ouvrirent leurs portes.

LECTURE. — *Arques et Ivry.*

4. Henri IV était protestant ; aussi fut-il abandonné par la plupart des seigneurs, à la tête desquels se trouvait le duc de Mayenne.

Avec une poignée de soldats, Henri IV fit des prodiges de valeur : il vainquit à Arques le duc de Mayenne, qui avait juré de le ramener prisonnier. L'année suivante, en 1590, il le battit de nouveau à Ivry, bien que Mayenne fût soutenu par les Espagnols.

Avant la bataille, Henri IV dit à ses soldats : « Compagnons, gardez bien vos rangs, et, si vous perdez de vue vos enseignes, ralliez-vous à mon panache blanc, vous le trouverez toujours au chemin de l'honneur et de la victoire. »

La bravoure n'était pas la seule qualité de Henri IV ; sa bonté et sa joyeuse humeur lui valurent beaucoup d'amis. Au siège de Paris, il permit, dit-on, à ses soldats, de faire passer des vivres aux habitants en proie à la plus horrible famine.

Questionnaire. — 1. A qui revint la couronne à la mort de Henri III ? — 2. Où Henri IV battit-il Mayenne ? — Montrez *Arques, Ivry,* sur la carte. — 3. Comment mit-il fin à la guerre civile ? — 4. Que dit Henri IV à Ivry ? — Quelles étaient ses qualités ? — Que fit-il au siège de Paris ?

LEÇON. — *Henri IV* (suite).

1. Fin de la Ligue. — Mayenne, soutenu par les Espagnols, résistait encore. Henri IV le vainquit de nouveau, et Mayenne fit sa soumission.

2. Édit de Nantes. — Henri IV signa avec l'Espagne un traité de paix, à Vervins, et, par l'édit de Nantes, en 1598, il accorda aux protestants le libre exercice de leur culte.

Les guerres de religion étaient terminées.

Henri IV, roi de France.

3. Administration. — Henri IV s'occupa de réparer les maux de la guerre; il fut aidé dans cette tâche par son ministre Sully. En quelques années, la France devint tranquille et florissante.

4. Mort de Henri IV. — Le roi s'apprêtait à faire la guerre à l'Autriche, dont la puissance l'inquiétait, quand il fut assassiné par un misérable appelé Ravaillac, en 1610.

LECTURE. — *Pacification et relèvement de la France.*

5. Mayenne, vaincu, fit sa soumission et fut dès lors un ami fidèle. Il était fort gros et marchait difficilement. Henri IV lui fit faire un jour une longue promenade en marchant de plus en plus vite, et quand il le vit tout essoufflé, sur le point de tomber : « Mon cousin, lui dit-il, voilà la seule vengeance que je voulais tirer de vous. »

Henri IV prit pour ministre Sully, son ami et son compagnon d'armes; il fut bien secondé par lui. Il encouragea l'industrie, le commerce et l'agriculture; il protégea les paysans, voulant, disait-il, que chacun d'eux pût mettre la poule au pot tous les dimanches.

Sully, ministre sous Henri IV.

Quand il mourut, toute la France le pleura. Son esprit, sa bonne humeur, sa simplicité, ses qualités de cœur, son profond amour de la patrie, l'avaient rendu vraiment populaire.

Questionnaire. — 1. Quel traité Henri IV signa-t-il avec l'Espagne? — 2. Qu'accorda-t-il par l'édit de Nantes? — Montrez *Vervins, Nantes,* sur la carte. — 3. De quoi s'occupa Henri IV? — Qui l'aida? — La France fut-elle heureuse? — 4. Comment mourut Henri IV? — Quelle malice fit-il à Mayenne? — 5. Que fit Henri IV pour le bonheur de la France? — Fut-il regretté?

1. Henri IV fut élevé en soldat, à la béarnaise.
Par tous les temps, il parcourait les montagnes,
il escaladait les rochers; aussi devint-il agile,
hardi et vigoureux.

2. En 1590, à Ivry, il dit à ses soldats : « Compagnons, si vous perdez de vue vos enseignes, ralliez-
vous à mon panache blanc, vous le trouverez toujours au chemin de l'honneur et de la victoire. »

3. Pendant qu'il assiégeait Paris, il apprit que
les habitants mouraient de faim. Il permit, dit-on,
à ses soldats de leur vendre des vivres.

4. Pour punir Mayenne de sa résistance, Henri IV
lui fit faire à grands pas une promenade qui mit
le duc hors d'haleine. Ce fut sa seule vengeance.

5. Pendant douze ans, Henri IV travailla au relèvement de la France. Il fut bien secondé par le ministre Sully, son ami et son compagnon d'armes.

6. En 1610, Henri IV, sorti en carrosse dans les
rues de Paris, fut tué d'un coup de poignard par
un misérable appelé Ravaillac.

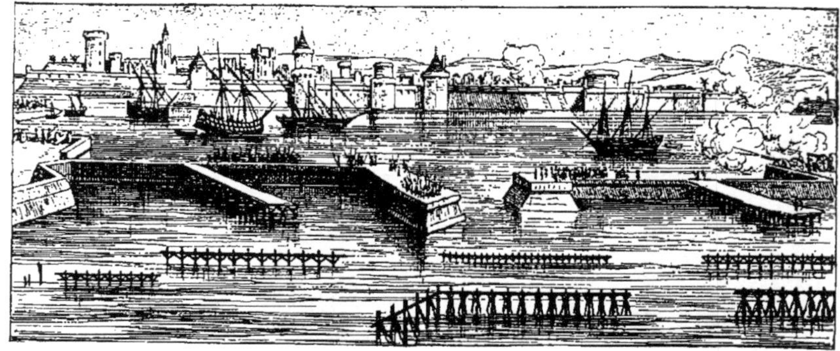

Richelieu entoura La Rochelle de forts ; il fit fermer le port au moyen d'une digue pour empêcher les Anglais de secourir la ville. Au bout de quinze mois, la famine obligea les Rochelais à se rendre.

LEÇON. — *Louis XIII (1610-1643).*

1. Louis XIII. — Louis XIII n'avait que neuf ans lors de l'assassinat de son père Henri IV. Sa mère, Marie de Médicis, fut nommée régente du royaume.

Les économies amassées par Sully furent gaspillées par les protégés de la reine ; les seigneurs se révoltèrent et les protestants cherchèrent à se rendre indépendants.

2. Richelieu. — C'est alors qu'arriva au pouvoir Richelieu, le plus grand ministre qu'ait jamais eu la France.

LECTURE. — *Richelieu.*

3. Le cardinal de Richelieu employa tout son génie à fortifier le pouvoir de la royauté et à rendre la France puissante en Europe.

Louis XIII, roi de France.

Les protestants voulaient se rendre indépendants ; en 1628, Richelieu s'empara de La Rochelle, leur place forte principale, et les ramena à l'obéissance, tout en les laissant libres de suivre leur religion.

Pour abattre la noblesse, qui menaçait la puissance du roi, Richelieu se montra sans pitié. Il défendit les duels, qui avaient fait périr plus de quatre mille gentilshommes en moins de vingt ans. Il mit en prison ou fit mourir sur l'échafaud tous ceux qui désobéirent à ses ordres ou qui conspirèrent contre le gouvernement.

Questionnaire. — 1. Qui succéda à Henri IV ? — Quel âge avait Louis XIII ? — Qui fut régente ? — Qu'arriva-t-il pendant cette régence ? — 2. Qui devint ministre ? — 3. Comment Richelieu ruina-t-il les protestants ? — Comment abattit-il la noblesse ? — Montrez *La Rochelle* sur la carte.

Louis XIII avait dans le génie de Richelieu la plus entière confiance, et il écoutait toujours les avis de ce grand ministre.

LEÇON. — *Louis XIII* (suite).

1. L'œuvre de Richelieu. — En arrivant au pouvoir, Richelieu se proposa :

1° de ruiner le parti protestant ;

2° d'abattre la noblesse ;

3° d'abaisser la puissance de l'Autriche.

2. Mort de Richelieu. — A force d'activité et de persévérance, Richelieu atteignit ce triple but. Il rétablit l'ordre en France et fit de sa patrie la première nation de l'Europe.

Richelieu, ministre de Louis XIII.

Épuisé par le travail et la maladie, il mourut en 1642, et Louis XIII le suivit peu après dans la tombe, en 1643.

LECTURE. — *Richelieu* (suite).

3. Pour abaisser la puissance de l'Autriche, unie à l'Espagne par des liens de famille, Richelieu lui fit une guerre habile. Il fatigua

Corneille, poète tragique.

d'abord les troupes autrichiennes en soutenant secrètement contre elles les protestants d'Allemagne ; puis les armées françaises, bien commandées, furent victorieuses et conquirent plusieurs provinces, entre autres l'Alsace. Mais Richelieu, affaibli par le travail et la maladie, mourut avant la fin de cette guerre glorieuse.

Richelieu fortifia l'armée et créa une marine. Il encouragea les lettres et les arts, et fonda l'Académie française.

C'est sous son ministère que le grand poète *Corneille* écrivit ses plus belles pièces de théâtre.

Questionnaire. — 1. Quels étaient les trois buts de Richelieu ? — 2. Les atteignit-il ? — Quand mourut ce grand ministre ? — 3. Que fit Richelieu pour abaisser la puissance de l'Autriche ? — Que fit-il pour l'armée et la marine ? — Quel est le grand poète qui vécut à cette époque ?

VII° RÉSUMÉ. — GUERRES DE RELIGION.

*Henri II meurt en 1559; ses trois fils, **François II**, **Charles IX** et **Henri III** règnent l'un après l'autre. Sous ces princes ont lieu les guerres de religion entre les catholiques et les protestants.*

Catherine de Médicis et le duc de Guise essayent d'exterminer les huguenots pendant la nuit de la Saint-Barthélemy, 24 août 1572.

En 1589, Henri III meurt assassiné, et avec lui finissent les Capétiens-Valois.

***Henri IV** lui succède et avec lui commencent les Capétiens-Bourbons. Il bat Mayenne à Arques en 1589 et à Ivry en 1590.*

Il se fait catholique et devient véritablement roi de France. Par l'édit de Nantes, il permet aux protestants d'exercer leur culte. — Les guerres de religion sont terminées.

Secondé par Sully, Henri IV s'occupe pendant douze ans du bonheur de la France. Il meurt assassiné en 1610.

*Son fils **Louis XIII** lui succède sous la régence de la reine mère, Marie de Médicis. Des troubles éclatent, mais Richelieu y met fin en abaissant les grands et les protestants. Il attaque la maison d'Autriche et prépare ainsi la grandeur de la France en Europe.*

LA FRANCE AU XVI° SIÈCLE.

Le prince de Condé écrasa à Rocroi la fameuse infanterie espagnole, en 1643.

CHAPITRE VIII. — ROYAUTÉ ABSOLUE

LEÇON. — *Louis XIV (1643-1715).*

1. Anne d'Autriche. — Louis XIV était âgé de cinq ans lorsque son père, Louis XIII, mourut. Sa mère, Anne d'Autriche, fut nommée régente. Elle prit pour ministre le cardinal Mazarin.

2. Condé et Turenne. — Mazarin continua la lutte contre l'Allemagne et l'Espagne. Condé et Turenne remportèrent de brillantes victoires. Il faut citer la célèbre bataille de Rocroi, où Condé écrasa l'infanterie espagnole, qui passait pour la première du monde.

3. Paix de Westphalie. — Toutes ces victoires amenèrent la paix de Westphalie, en 1648, par laquelle l'empereur d'Allemagne cédait l'Alsace à la France.

LECTURE. — *Mazarin.*

4. Mazarin était Italien. Son intelligence le fit remarquer de Richelieu, qui l'amena en France. Richelieu le prit pour ami; il le fit nommer cardinal, et, à sa mort, il pria Louis XIII de le choisir pour premier ministre.

Mazarin,
ministre sous Louis XIV.

Mazarin continua l'œuvre de Richelieu. Adroit, souple, rusé, il triompha de tous ses ennemis et rendit de grands services à la France. Il abaissa la puissance des deux grandes rivales de notre patrie à cette époque : l'Autriche, qui détenait la couronne impériale d'Allemagne, et l'Espagne.

Questionnaire. — 1. Quel âge avait Louis XIV quand il devint roi? — A qui succéda-t-il? — Qui fut régente? — Quel fut le ministre? — 2. Que fit Mazarin? — Quels étaient les généraux? — Quelle victoire remporta Condé? — 3. Où la paix fut-elle signée? — En quelle année? — Que donnait-elle à la France? — Montrez *Rocroi,* la *Westphalie* sur la carte. — 4. Que savez-vous sur Mazarin?

LEÇON. — *Louis XIV* (suite).

1. La Fronde. — Pendant que les armées françaises se couvraient de gloire, la guerre civile éclatait à Paris. Cette guerre, qu'on appela *la Fronde,* fut entreprise pour renverser Mazarin; mais, grâce à son habileté, Mazarin sortit de la lutte plus puissant qu'auparavant.

Anne d'Autriche, mère de Louis XIV.

2. Victoire des Dunes. — Condé, qui était parmi les frondeurs, passa alors au service de l'Espagne. Il vint avec une armée attaquer la France. Turenne le vainquit à la bataille des Dunes, près de Dunkerque, en 1658.

3. Paix des Pyrénées. — L'Espagne demanda la paix. Le traité des Pyrénées, signé en 1659, donna à la France l'Artois et le Roussillon.

Deux ans après, en 1661, Mazarin mourut.

LECTURE. — *Saint Vincent de Paul.*

4. Pendant la guerre de la Fronde, la misère était extrême. Par bonheur, il se trouva pour secourir les malheureux quelques hommes charitables dont le plus célèbre fut un prêtre, saint Vincent de Paul.

Charité de saint Vincent de Paul.

Né près de Dax, dans les Landes, il fut berger pendant son enfance. Il était prêtre depuis quelque temps à peine, quand il fut pris par des pirates qui l'emmenèrent à Tunis, où ils le vendirent comme esclave. Il réussit à s'échapper et vint se fixer à Paris. Il se fit bien vite connaître par ses bonnes œuvres. Un jour il fut si touché du désespoir d'un malheureux forçat dont la famille était réduite à la misère qu'il lui fit, dit-on, donner la liberté en prenant sa place.

Il institua les sœurs de charité pour soigner les malades pauvres, et fonda l'œuvre des Enfants trouvés.

Saint Vincent de Paul est une des gloires de la France.

Élocution. — Que représente ce tableau ? — Qu'était-ce que Turenne ? — Où et comment fut-il tué ? — En quelle année ? — Montrez *Salzbach* sur la carte. — Quel est le personnage blessé ? — Que dit-il ?

LEÇON. — *Louis XIV* (suite).

1. Louis XIV. — A la mort de Mazarin, Louis XIV voulut régner en maître absolu sur son royaume et faire de la France le plus puissant État de l'Europe.

2. Paix d'Aix-la-Chapelle. — Sa première guerre fut celle de Flandre, après laquelle l'Espagne, vaincue, nous céda la Flandre par le traité d'Aix-la-Chapelle en 1668.

3. Paix de Nimègue. — La Hollande avait pris parti pour l'Espagne ; Louis XIV lui déclara la guerre, bien qu'elle fût soutenue par l'Angleterre, l'Espagne et l'Allemagne. Les troupes françaises triomphèrent sur terre et sur mer, et Louis XIV imposa à ses ennemis la paix de Nimègue, qui lui donna la Franche-Comté, en 1678.

LECTURE. — *Mort de Turenne.*

4. En 1675, les Allemands avaient envahi l'Alsace. Turenne accourut et, malgré un hiver rigoureux, il franchit les Vosges, surprit les ennemis, les battit et les obligea à repasser le Rhin. Turenne les poursuivit et les atteignit près de Salzbach.

Un matin, il monta à cheval pour aller surveiller les Allemands ; mais à peine avait-il fait quelques pas qu'un boulet vint le frapper au côté gauche, emportant du même coup le bras du marquis de Saint-Hilaire. Le fils de ce dernier se jette en larmes sur son père. « Ce n'est pas moi, lui dit Saint-Hilaire, c'est ce grand homme qu'il faut pleurer. »

En apprenant la mort de l'illustre capitaine, les soldats firent entendre des cris de douleur ; ils voulaient qu'on les menât au combat pour venger, disaient-ils, la mort de leur père.

Turenne fut pleuré par tout le monde, même par ses ennemis. Il fut inhumé à Saint-Denis, à côté des sépultures royales.

Questionnaire. — 1. Que fit Louis XIV à la mort de Mazarin ? — 2. Quelle fut sa première guerre ? — Comment se termina-t-elle ? — Montrez la *Flandre* et *Aix-la-Chapelle* sur la carte. — 3. A quelle puissance déclara-t-il ensuite la guerre ? — Pourquoi déclara-t-il la guerre à la Hollande ? — Par qui était soutenue la Hollande ? — Fûmes-nous vainqueurs ? — Où et quand fut signée la paix ? — Que nous donna la paix de Nimègue ? — Montrez *Nimègue* et la *Franche-Comté* sur la carte. — 4. Racontez la mort de Turenne. — Montrez sur la carte : l'*Alsace*, les *Vosges*, *Salzbach*.

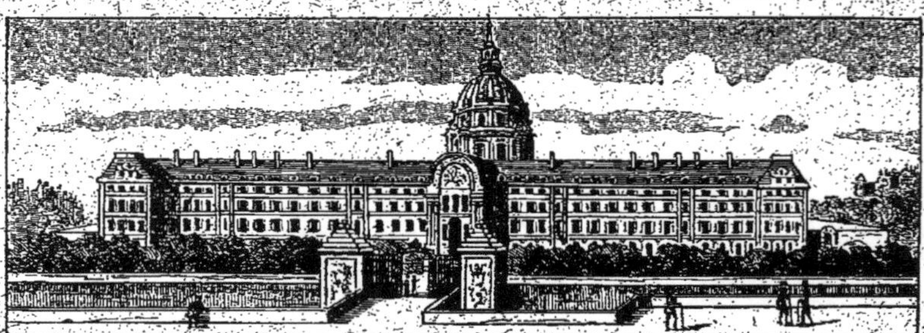

L'Hôtel des Invalides fut construit à Paris pour recueillir les soldats vieillis ou blessés sous les drapeaux.

LEÇON. — *Louis XIV* (suite).

1. Puissance de Louis XIV. — Après la paix de Nimègue, Louis XIV fut le roi le plus puissant de l'Europe, mais il abusa de sa force et commit beaucoup de fautes.

2. Révocation de l'Édit de Nantes. — Par l'édit de Nantes, Henri IV avait accordé aux protestants la liberté religieuse. En 1685, Louis XIV révoqua cet édit. Alors les protestants sortirent en foule de France pour aller porter à l'étranger leurs richesses et leur industrie.

3. Paix de Ryswick. — L'orgueil de Louis XIV excita la colère de l'Europe; la guerre éclata. Nous fûmes vainqueurs sur terre, mais notre marine fut vaincue au cap de la Hogue.

La paix de Ryswick, en 1697, mit fin aux hostilités.

LECTURE. — *Colbert, Louvois, Vauban.*

4. Louis XIV eut le bonheur d'être servi par d'excellents ministres, tels que Colbert et Louvois.

Colbert était honnête, économe, travailleur, habile. Il s'efforça de mettre de l'ordre dans les finances; il protégea le commerce et l'industrie; il construisit des routes et des canaux; il réorganisa la marine.

Quant à l'armée de terre, elle fut réformée par *Louvois*, qui soumit les soldats à une discipline sévère, établit l'uniforme par régiment et la marche au pas, pourvut l'infanterie de la baïonnette, fit bâtir des casernes et des hôpitaux militaires, et entreprit la construction des Invalides pour recevoir les blessés.

Louvois trouva un puissant auxiliaire dans *Vauban*, célèbre ingénieur, qui fortifia les villes.

Questionnaire. — 1. Que fit Louis XIV après la paix de Nimègue? — 2. Quelle grande faute commit-il en 1685? — Que devinrent les protestants? — 3. Que causa l'orgueil de Louis XIV? — Fûmes-nous heureux dans cette guerre? — Où et quand fut signée la paix? — Montrez *La Hogue* et *Ryswick* sur la carte. — 4. Dites ce que vous savez sur Colbert, sur Louvois, sur Vauban.

Élocution. — Bataille de Denain. — Quand fut livrée cette bataille ? — Par qui fut-elle gagnée ?
— Qui commandait les Français ? — Qui fut vaincu ? — Montrez *Denain* sur la carte.

LEÇON. — *Louis XIV* (suite).

1. Guerre d'Espagne. — Philippe d'Anjou, petit-fils de
Louis XIV, devint roi d'Espagne, à condition que l'Espagne
et la France ne formeraient jamais un même royaume.

Cependant Louis XIV espérait secrètement le contraire.
L'Europe le sut, et la guerre éclata en 1701.

2. Paix d'Utrecht. — Cette guerre fut malheureuse pour
nos armées ; la France fut envahie, mais la victoire de Denain, que Villars remporta en 1712 sur les Impériaux, la
sauva du grand désastre qui la menaçait.

La paix fut signée à Utrecht en 1713.

LECTURE. — *Soldats et Marins.*

Louis XIV,
roi de France.

3. Louis XIV eut des ministres habiles pour
l'aider dans le gouvernement de son royaume :
il eut aussi des généraux illustres à la tête de
ses armées.

Ce sont d'abord *Condé*, qui mérita le nom
de *Grand* par l'éclat de ses victoires, et *Turenne,* l'homme de guerre
le plus habile et le plus modeste de son temps. *Luxembourg* et *Villars*
viennent ensuite, mais sont encore au premier rang.

Sur les mers, *Du Quesne, Duguay-Trouin,* Jean *Bart, Tourville,* éton-
nèrent les ennemis par leur intrépidité et leur assurance.

Louis XIV et sa cour habitaient le magnifique palais de Versailles, embelli par ordre du roi, et dont Le Nôtre avait dessiné les jardins.

LEÇON. — *Louis XIV (fin).*

1. Mort de Louis XIV. — Louis XIV mourut à Versailles en 1715. Il était resté soixante-douze ans sur le trône. C'est le plus long règne de notre histoire.

2. Jugement sur Louis XIV. — Louis XIV fut un monarque absolu; il ne fit rien pour le bonheur du peuple. Son règne fut glorieux et illustré par de grands soldats, de grands marins, de grands écrivains, de grands artistes, mais ses guerres continuelles épuisèrent et ruinèrent la France.

3. État de la France. — Sa cour, la plus belle qu'il y ait jamais eue, résidait dans le palais de Versailles. Elle occupait son temps de fêtes et de plaisirs, tandis que dans les campagnes le peuple vivait dans la plus affreuse misère.

LECTURE. — *Écrivains et Artistes.*

4. Louis XIV encouragea les écrivains et les artistes. Sous son règne, la littérature et les arts brillèrent d'un éclat si vif qu'on a donné au XVIIe siècle le nom de *Siècle de Louis XIV*.

Racine et *Molière* ont écrit pour le théâtre : l'un émeut et touche le cœur; l'autre critique, en riant, les défauts de ses contemporains. Les fables de *La Fontaine* sont de petits chefs-d'œuvre. les poésies de *Boileau* sont des modèles de pureté et de régularité. *Bossuet*, l'évêque de Meaux, *Fénelon*, l'archevêque de Cambrai, le savant *Pascal*, tiennent le premier rang dans la prose.

Les peintres *Le Brun*, *Poussin* et *Le Sueur*, le sculpteur *Puget*, les architectes *Perrault*, *Mansart*, *Le Nôtre* produisirent des œuvres remarquables telles que le palais et le parc de Versailles, la colonnade du Louvre, l'Hôtel des Invalides.

COLBERT,
ministre.

LOUVOIS,
ministre.

VAUBAN,
ingénieur militaire.

Le Prince de CONDÉ,
homme de guerre.

TURENNE,
maréchal de France.

VILLARS,
maréchal de France.

DU QUESNE,
marin.

TOURVILLE,
marin.

JEAN BART,
marin.

MOLIÈRE,
auteur comique.

RACINE,
poète tragique.

LA FONTAINE,
fabuliste.

BOSSUET,
orateur sacré.

FÉNELON,
écrivain.

LE NÔTRE,
architecte.

LE BRUN,
peintre.

VIIIe RÉSUMÉ. — *ROYAUTÉ ABSOLUE.*

En 1643, Louis XIV monte sur le trône; il n'a que cinq ans. Anne d'Autriche, sa mère, est régente; elle prend pour ministre Mazarin et la guerre contre la maison d'Autriche est continuée.

Un carrosse sous Louis XIV.

En 1643, Condé bat les Espagnols à Rocroi. Nos victoires amènent la paix de Westphalie qui nous donne l'Alsace en 1648.

La Fronde éclate à Paris contre Mazarin, mais celui-ci triomphe.

Condé passe aux Espagnols et vient attaquer la France. Turenne le bat aux Dunes, et par la paix des Pyrénées (1659) la France acquiert l'Artois et le Roussillon.

En 1661, Mazarin meurt. Louis XIV gouverne lui-même.

En 1668, guerre glorieuse de Flandre et paix d'Aix-la-Chapelle qui donne la Flandre à la France.

En 1672, guerre contre la Hollande, puis contre presque toute l'Europe. Nos armées et notre marine victorieuses obligent les ennemis à nous céder la Franche-Comté, par la paix de Nimègue, en 1678.

Ces succès excitent l'ambition de Louis XIV; il abuse alors de sa toute-puissance. En 1685, il révoque l'édit de Nantes; la guerre éclate de nouveau. Nous sommes vainqueurs sur terre, mais notre marine est défaite au cap de La Hogue. La paix est signée à Ryswick, en 1697.

En 1701, nouvelle guerre au sujet du trône d'Espagne. Elle est désastreuse pour nos armées; la misère désole notre pays. La France envahie par les ennemis est sur le point d'être perdue, mais Villars la sauve par la victoire de Denain, et la paix d'Utrecht, en 1713, termine cette longue lutte.

Une chaise à porteurs.

En 1715, Louis XIV meurt à Versailles, laissant la France plus grande qu'il ne l'avait reçue, mais ruinée par les guerres.

Le règne de Louis XIV est célèbre par les grands hommes qui l'ont illustré. D'habiles généraux et marins commandent nos armées et nos flottes; de savants écrivains font briller les lettres; de grands architectes, sculpteurs et peintres donnent des chefs-d'œuvre artistiques.

CARTE
pour suivre les guerres
de
LOUIS XIV ET DE LOUIS XV
Liv. Prép. H. F.
MER DU NORD
ANGLETERRE
Chester
Exeter
Bristol
Londres
Rochester
Douvres
MANCHE
Cherbourg
C. de la Hogue
Brest
St Malo
Dieppe
Rouen
Seine
Nantes
Loire
Versailles
Paris
Orléans
Troyes
Bléneau
OCÉAN ATLANTIQUE
FRANCE
la Rochelle
Limoges
Brive
Bordeaux
Dax
Bayonne
Pau
Garonne
Toulouse
Cévennes
Rhône
Lyon
Dijon
Meuse
Rocroi
Metz
LORRAINE
ALSACE
PALATINAT
FRANCHE COMTÉ
Bâle
Berne
Genève
SAVOIE
Turin
Amsterdam
la Haye
Utrecht
Riswick
HOLLANDE
Bruxelles
Dunkerque
Flandre
Lille
Artois
PAYS-BAS AUTRICHIENS
Aix-la-Chapelle
Cologne
Rhin
Francfort
Mayence
HANOVRE
Brême
Minden
Munster
Brunswick
WESTPHALIE
Clostercamp
ALLEMAGNE
Stuttgart
Salzbach
Strasbourg
Nordlingen
BAVIÈRE
Augsbourg
Hambourg
Stettin
Berlin
Potsdam
BRANDEBOURG
Oder
Leipzig
Rosbach
Elbe
Breslau
Prague
Kollin
Olmutz
Danube
Passau
Vienne
Salzbourg
Autriche
TYROL
SUISSE
Milan
RÉP. DE VENISE
Mantoue
Pô
Gênes
Parme
Venise
Trieste
ÉTATS DE L'ÉGLISE
Sienne
Florence
MER ADRIATIQUE
Zara
Spalato
PRUSSE
Thorn
Vistule
Varsovie
Posen
POLOGNE
Sandomir
Cracovie
LITHUANIE
Presbourg
Theiss
Budapest
HONGRIE
St Gothard
Mohacz
Temesvar
Save
EMPIRE OTTOMAN
Avignon
Marseille
Nice
Toulon
Bastia
MER Corse
Rome
NAPLES
ROME
MÉDITERRANÉE
MER
Barcelone
Perpignan
Roussillon
Cerdagne
Lérida
Saragosse
Ebre
Soria
Douro
Pampelune
Pyrénées
ESPAGNE

CHAPITRE IX. — ROYAUTÉ ABSOLUE

Lorsque les Anglais et les Français se trouvèrent en présence, à Fontenoy, un capitaine anglais cria : « Messieurs des gardes-françaises, tirez ! » Un officier français répondit : « Messieurs, tirez vous-mêmes. » Cette politesse nous coûta cher. Cependant les Anglais furent vaincus.

LEÇON. — *Louis XV* (1715-1774).

1. La Régence. — Louis XV n'avait que cinq ans lorsqu'il succéda à Louis XIV, son arrière-grand-père. Le duc d'Orléans fut nommé régent du royaume. La Régence est l'une des époques les plus tristes de notre histoire : la Cour donne l'exemple du vice, et l'argent de l'État est follement gaspillé.

2. Succession de Pologne. — Louis XV épousa Marie Leczinska, fille de Stanislas, ancien roi de Pologne. Le cardinal Fleury, premier ministre de France, essaya de rétablir Stanislas sur le trône de Pologne. Mais il dut y renoncer, après une guerre contre l'Autriche, qui soutenait un autre prétendant.

3. Paix de Vienne. — La paix fut signée à Vienne, en 1738, et quelques années après la France acquit la Lorraine, qui avait été donnée à Stanislas.

Questionnaire.—1. Qui succéda à Louis XIV? — Quel âge avait Louis XV? — Qui fut régent? — Que savez-vous de la Régence? — 2. Qui épousa Louis XV? — Qui était ministre? — Quelle guerre entreprit Fleury? — 3. Quel traité termina cette guerre? — Quelle province fut annexée à la France? Montrez sur la carte, page 77, la *Pologne*, *Vienne*, la *Lorraine*.

LEÇON. — *Louis XV* (suite).

1. Succession d'Autriche. — L'empereur d'Allemagne mourut, laissant à sa fille, Marie-Thérèse, une couronne qui fut disputée par plusieurs princes de l'Europe. La France se déclara contre Marie-Thérèse et eut pour ennemies l'Autriche, l'Angleterre et la Hollande.

2. Fontenoy. — Sur terre les Français, commandés par le maréchal de Saxe, remportèrent la brillante victoire de Fontenoy en 1745 ; mais sur mer notre marine fut vaincue.

3. Paix d'Aix-la-Chapelle. — La paix d'Aix-la-Chapelle, en 1748, termina cette guerre, qui fut avantageuse pour tout le monde, excepté pour la France.

Questionnaire. — 1. Pourquoi y eut-il une autre guerre ? — Contre qui se déclara la France ? — Qui eut-elle pour ennemies ? — 2. Quelle victoire remporta-t-elle ? — Notre marine fut-elle heureuse ? — 3. Où et quand fut signée la paix ? — Montrez sur la carte, page 77, *Fontenoy, Aix-la-Chapelle.*

Élocution. — Racontez le dévouement du chevalier d'Assas, à Clostercamp.

LEÇON. — *Louis XV* (suite).

1. Guerre de Sept ans. — L'Angleterre, jalouse de voir que la marine française se relevait de tant de désastres, nous déclara une nouvelle guerre, qui dura sept ans et qu'on appela pour cette raison *Guerre de Sept ans*. L'Angleterre eut la Prusse pour alliée, et l'Autriche soutint la France.

2. Sur terre. — Les troupes françaises, commandées par des généraux incapables, furent vaincues à Rosbach par le roi de Prusse, Frédéric le Grand. Cependant, elles gagnèrent la bataille de Clostercamp, grâce au dévouement du chevalier d'Assas.

3. Sur mer. — Sur mer la lutte fut désastreuse pour la France, qui perdit ses flottes et presque toutes ses colonies.

4. Traité de Paris. — Le traité de Paris, en 1763, termina cette malheureuse guerre, qui ruina notre pays.

LECTURE. — *Le Chevalier d'Assas.*

5. Ceci se passait en 1760, pendant la guerre de Sept ans, à Clostercamp, non loin des bords du Rhin.

La compagnie du régiment d'Auvergne que commandait le chevalier d'Assas avait été divisée en deux moitiés, qui reçurent l'ordre de tirer l'une après l'autre. La nuit était profonde, et d'Assas, par erreur, dirigea le feu sur la moitié de la compagnie que commandait son lieutenant. Celui-ci l'avertit aussitôt. D'Assas, arrêtant le feu, s'élance pour reconnaître les lieux, mais il est entouré d'ennemis qui lui présentent leurs baïonnettes sur la poitrine en disant : « Si tu parles, tu es mort. » D'Assas, sans s'effrayer d'une fin certaine, s'écrie de toutes ses forces : « Auvergne, tirez, ce sont les ennemis! » Il tomba percé de coups, mais son généreux dévouement sauva l'armée française.

Questionnaire. — 1. Pourquoi l'Angleterre déclara-t-elle la guerre à la France ? — Comment appela-t-on cette guerre ? — 2. 3. Fut-elle heureuse pour la France ? — Qu'arriva-t-il sur terre et sur mer ? — Montrez la *Prusse, Rosbach, Clostercamp*, sur la carte. — 4. Où et quand la paix fut-elle signée ?

LEÇON. — *Louis XV (suite).*

1. Choiseul. — Le ministre Choiseul s'efforça de relever notre armée et notre marine. Il réunit la Corse à la France.

Louis XV,
roi de France.

Malheureusement cet habile administrateur fut renvoyé sans raison. et la France retomba dans le désordre.

2. Jugement sur Louis XV. — Louis XV avait reçu une très mauvaise éducation. Tout jeune, il était égoïste, violent, hautain, impertinent. Élevé à faire toutes ses fantaisies, il devint dans la suite vicieux, corrompu, méchant.

Ses fautes, sa vie scandaleuse et les défaites de ses armées déshonorèrent la royauté; aussi la mort de ce mauvais roi, en 1774, fut accueillie avec une joie universelle.

LECTURE. — *Les Écrivains et les Savants.*

Voltaire.
écrivain et philosophe.

J.-J. Rousseau,
écrivain et philosophe.

Montesquieu.
écrivain et philosophe.

Buffon,
écrivain et naturaliste.

3. Par suite des fautes de Louis XV et de ses courtisans, la royauté perdit tout éclat. On ne la respecta plus, on blâma ses actes, on demanda des lois plus justes.

De grands écrivains, *Voltaire, Rousseau, Montesquieu, Beaumarchais,* attaquèrent vivement les privilèges dont jouissaient la noblesse et le clergé. Ceux-ci, qui profitaient de ces privilèges, ne voulaient pas y renoncer; le peuple, qui en souffrait, demandait leur abolition. Une lutte violente ne tarda pas à éclater entre l'aristocratie et le peuple.

Pendant que les écrivains critiquaient les abus, *Lavoisier* fondait la chimie, *Montgolfier* inventait les aérostats, *Buffon* écrivait son Histoire naturelle. La science fit de très grands progrès.

LEÇON. — *Louis XVI.*

1. Louis XVI. — Louis XVI succéda à son grand-père Louis XV en 1774. Il était bon, honnête, mais faible, timide et incapable de gouverner à cette époque malheureuse.

2. Turgot et Necker. — Il appela au pouvoir deux sages ministres, Turgot et Necker; il se vit bientôt obligé de les renvoyer pour ne pas déplaire à la reine Marie-Antoinette et aux courtisans.

Louis XVI,
roi de France.

3. Guerre d'Amérique. — Les États-Unis d'Amérique s'étaient soulevés contre l'Angleterre, dont ils étaient une colonie. Louis XVI, pour affaiblir l'Angleterre, soutint les États-Unis, qui devinrent indépendants en 1783. Cette guerre, où se distingua La Fayette, rendit à la France quelques-unes de ses colonies.

Marie-Antoinette,
reine de France.

4. États généraux. — Les dettes de la France augmentant chaque jour de plus en plus, Louis XVI convoqua les États généraux.

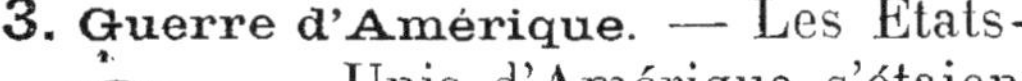

LECTURE. — *Causes de la Révolution.*

5. En 1789, la royauté avait un pouvoir absolu; les Français n'étaient donc pas libres, puisqu'ils étaient à la merci du roi.

La noblesse jouissait de toutes sortes de privilèges, tandis que le peuple était accablé de charges et d'impôts; les Français n'étaient donc pas égaux entre eux.

La révolution qui éclata en 1789 eut pour résultat: 1° d'établir la liberté en limitant le pouvoir du gouvernement; 2° d'établir l'égalité en déclarant que tous les Français, nobles ou non, jouiraient des mêmes droits et seraient soumis aux mêmes lois.

Turgot,
ministre de Louis XVI.

IXᵉ RÉSUMÉ. — ROYAUTÉ ABSOLUE.

En 1715, **Louis XV**, âgé de cinq ans, monte sur le trône. Le duc d'Orléans est régent; c'est une des époques les plus tristes de notre histoire.

Louis XV épouse Marie Leczinska, et le ministre Fleury cher-

Costumes sous Louis XV.

che à rétablir sur le trône de Pologne Stanislas, beau-père du roi. La guerre se termine par le traité de Vienne en 1738.

Bientôt éclate une nouvelle guerre au sujet de la succession d'Autriche. La France, ennemie de Marie-Thérèse, lutte contre l'Autriche, l'Angleterre et la Hollande. Elle triomphe sur terre à Fontenoy, en 1745, mais sur mer sa flotte est vaincue. La paix est rétablie par le traité d'Aix-la-Chapelle en 1748.

L'Angleterre, jalouse du relèvement de notre marine, nous déclare encore la guerre; elle s'allie à la Prusse, et la France à l'Autriche. Cette guerre, appelée **guerre de Sept ans**, ruine la France, qui perd ses colonies. En 1763, le traité de Paris la termine.

Les trois ordres :
Clergé.   Noblesse.   Tiers état.

Costumes sous Louis XVI.

Ces luttes ont épuisé la France, et Louis XV déshonore la royauté par sa vie scandaleuse.

Sous son règne la Lorraine et la Corse sont réunies à la France.

En 1774, **Louis XVI** monte sur le trône. Il a de bonnes intentions, mais il n'ose résister à la reine et aux courtisans; il renvoie ses sages conseillers Turgot et Necker.

Pour amoindrir la puissance de l'Angleterre, il soutient les États-Unis d'Amérique, qui sont reconnus indépendants (1783). La France recouvre quelques colonies.

Les dettes augmentent de plus en plus, et Louis XVI, à bout de ressources, convoque les Etats généraux (1789).

HISTOIRE DU COSTUME MILITAIRE

Règne de Henri IV.

Règne de Louis XIII.

Grenadier. sous Louis XIV.

Général.

Infanterie sous Louis XV.

Grenadier, garde française (Louis XVI.)

Soldats de la Révolution. Cavalier. Fantassin

Grenadier de la Garde. Cuirassier sous Napoléon Ier

Infanterie. sous la Restauration.

Fantassin sous Louis-Philippe.

Zouave

Chasseur à pied sous Napoléon III.

Infanterie de ligne 3e République.

Liv. Prép II. F.

CHAPITRE X. — LA RÉVOLUTION

Le 20 juin 1789, les députés du tiers état, auxquels s'étaient joints quelques membres de la noblesse et du clergé, se réunirent dans la salle du Jeu de paume, à Versailles, et jurèrent de ne pas se séparer avant d'avoir donné une constitution à la France.

LEÇON. — *Assemblée Constituante (1789-1791).*

1. États généraux. — Les États généraux se réunirent à Versailles le 5 mai 1789. Les députés du tiers état, c'est-à-dire de la bourgeoisie, voulurent que ceux de la noblesse et du clergé se joignissent à eux pour discuter ensemble les affaires de la nation. Ceux-ci refusèrent, et le roi ordonna aux députés du tiers de se retirer.

2. Assemblée Constituante. — Les députés du tiers état ne voulurent pas obéir aux ordres du roi; ils se réunirent dans la salle du Jeu de paume et jurèrent de ne pas se séparer avant d'avoir donné une Constitution à la France. Ils prirent le nom d'Assemblée Constituante.

LECTURE. — *Travaux de la Constituante.*

3. Les travaux de l'Assemblée Constituante furent de véritables bienfaits pour la France.

La Constituante abolit la royauté absolue et les privilèges de la noblesse. Elle voulut que tous les Français fussent égaux devant la loi; que chacun d'eux pût arriver par le mérite aux honneurs, aux grades et aux emplois qui, jusque-là, avaient été réservés aux nobles. Elle voulut aussi que les impôts fussent payés par tous; que le travail, l'industrie, les opinions politiques et les croyances religieuses fussent libres.

Enfin elle divisa la France en départements.

Questionnaire. — 1. Où et quand se réunirent les États généraux? — Rappelez de quoi ils étaient composés. — Montrez *Versailles* sur la carte. — Que voulaient les députés du tiers état? — Qu'ordonna le roi? — 2. Fut-il obéi? — Où se retirèrent les députés du tiers état? — Que jurèrent-ils? — Quel nom prirent-ils? — 3. Quels sont les travaux de la Constituante?

Élocution. — Que représente ce tableau ? — Quand avait été construite la Bastille ? — Pourquoi le peuple s'en empara-t-il ? — Donnez le jour, le mois et l'année de la prise de la Bastille.

LEÇON. — *Assemblée Constituante* (suite).

1. Prise de la Bastille. — Le roi et sa cour furent les adversaires de l'Assemblée Constituante ; aussi le peuple de Paris se souleva : il s'empara de la Bastille le 14 juillet 1789 et la démolit.

2. La Fédération. — En mémoire de la prise de la Bastille, on célébra, un an après, la fête de la Fédération, c'est-à-dire de l'union de tous les Français.

3. Le drapeau tricolore. — La garde nationale fut organisée dans toutes les villes de France, et le drapeau blanc fut remplacé par le drapeau tricolore : bleu, blanc, rouge.

4. Arrestation du roi. — Le roi essaya de fuir à l'étranger avec sa famille, mais il fut arrêté à Varennes et ramené à Paris en 1791.

LECTURE. — *Prise de la Bastille.*

5. La Bastille était une prison d'État, qui avait été construite sous Charles V. On y jetait par caprice, dans des cachots obscurs et infects, des hommes dont souvent le seul crime était d'avoir déplu aux rois ou à leurs courtisans. Presque toujours ces malheureux y demeuraient prisonniers pendant de longues années.

La Bastille représentait donc aux yeux du peuple l'image de la tyrannie ; aussi fut-il heureux de la faire disparaître.

Le 14 juillet 1789, la foule envahit l'Hôtel des Invalides ; elle s'empara des fusils et des canons, puis marcha sur la Bastille.

La forteresse, défendue par une petite garnison de Suisses, résista de son mieux ; mais elle fut obligée de se rendre après quelques heures de combat.

Questionnaire. — 1. Est-ce que le roi et la cour étaient amis de la Constituante ? — Que fit le peuple de Paris ? — 2. Quelle fête célébra-t-on en l'honneur de la prise de la Bastille ? — 3. Qu'or- ganisa-t-on dans les villes ? — Quel drapeau prit-on ? — 4. Qu'arriva-t-il au roi et à sa famille ? — Montrez *Varennes* sur la carte. — 5. Qu'était-ce que la Bastille ? — Racontez la prise de la Bastille.

Ce fut au cri mille fois répété de *Vive la Nation!* que les soldats de Kellermann attendirent les Prussiens, à Valmy. — Montrez *Valmy* sur la carte.

LEÇON. — *Assemblée Législative* (1791-1792).

1. La Législative. — En 1791, la Constituante se sépara pour faire place à l'Assemblée Législative.

2. La coalition. — A ce moment, tous les rois de l'Europe, qui voulaient maintenir la monarchie en France, menacèrent d'envahir notre pays. Dans leurs armées il y avait une foule de nobles français, qui avaient émigré.

3. Chute de la royauté. — La Législative ne se laissa pas intimider : elle déclara la guerre à l'Autriche et à la Prusse. Le peuple, irrité contre les nobles, qui étaient en grande partie passés à l'ennemi, s'empara des Tuileries et enferma le roi et sa famille dans la prison du Temple.

4. Valmy. — Les débuts de la guerre furent malheureux ; mais en 1792 nos troupes, commandées par Dumouriez et Kellermann, vainquirent les Prussiens à Valmy.

LECTURE. — *La Patrie en danger.*

5. Les ennemis s'étaient emparés de quelques villes de la frontière et menaçaient de détruire Paris. A cette nouvelle, l'Assemblée Législative déclara la Patrie en danger et invita tous les citoyens à venir combattre les envahisseurs. Aussitôt, au milieu des places publiques, s'élevèrent des estrades ornées de couronnes et de drapeaux pour recevoir les enrôlements. Le canon tonnait de temps en temps, pour rappeler aux citoyens que l'ennemi avançait.

Pendant quelques jours, les volontaires accoururent en si grand nombre que l'on suffisait à peine à inscrire leurs noms. Des rangs du peuple sortirent des chefs et des soldats qui venaient offrir leur vie pour la défense de la patrie et de la liberté.

Questionnaire. — 1. Quand la Législative remplaça-t-elle la Constituante ? — 2. Qui menaçait la France ? — Pourquoi les rois la menaçaient-ils ? — Qui avaient-ils dans leurs armées ? — 3. Que fit la Législative ? — Que fit le peuple ? — 4. Où et quand triomphèrent nos troupes ? — 5. Que fit la Législative quand elle apprit les succès des ennemis ? — Que se passa-t-il à Paris ?

La Convention mit en jugement le roi Louis XVI : elle le condamna à mort comme coupable de n'avoir pas respecté la liberté et d'avoir conspiré avec l'étranger.

LEÇON. — *Convention* (1792-1795).

1. La République. — La Convention remplaça l'Assemblée Législative en 1792. Elle abolit la royauté et proclama la République.

2. Mort de Louis XVI. — Elle condamna à mort Louis XVI, qui périt sur l'échafaud en 1793. Alors les royaumes de l'Europe et quelques provinces de France, telle que la Vendée, se soulevèrent pour venger la mort du roi.

3. La Terreur. — La Convention répondit à ses ennemis en créant le Comité de Salut public chargé de gouverner, et le Tribunal révolutionnaire chargé de juger les conspirateurs. — Toute personne soupçonnée de ne pas aimer la République fut envoyée à l'échafaud. Ce fut le règne de la Terreur.

LECTURE. — *La Terreur.*

4. Le régime de la Terreur, qui commence le 2 juin 1793, marque une des époques les plus tragiques de la Révolution. La Vendée et la Bretagne prennent les armes; Lyon, Marseille, Toulouse, Toulon, se soulèvent, la guerre civile éclate de toutes parts, tandis que les ennemis du dehors envahissent nos frontières.

La Convention lutte énergiquement. Elle fait arrêter et condamner à mort tous ceux qui sont soupçonnés d'aimer la royauté. La reine Marie-Antoinette, Mᵐᵉ Élisabeth, sœur de Louis XVI, les députés de la Gironde et des milliers de personnes de toutes conditions sont envoyés à l'échafaud. La Convention se dévore elle-même : Robespierre fait condamner Danton, qu'il trouve trop modéré; il est à son tour exécuté le 9 thermidor (27 juillet 1794). Avec lui finit la Terreur.

LEÇON. — *Convention* (*suite*).

1. Carnot. — La Convention triompha de tous ses ennemis. Carnot dirigea le mouvement des armées, qui étaient commandées par Hoche, Marceau et Jourdan.

2. Guerre et paix. — Nos soldats, mal vêtus, mal nourris, remportèrent les victoires de Wattignies, de Fleurus, et obligèrent les puissances étrangères à demander la paix, en 1795. Les Vendéens furent vaincus par Hoche, et le calme fut rétabli à l'intérieur.

3. Travaux de la Convention. — La Convention organisa l'enseignement primaire, secondaire et supérieur; elle fonda de nombreuses écoles; elle créa l'unité des poids et mesures; elle abolit l'esclavage dans les colonies.

LA FRANCE SOUS LA RÉVOLUTION.

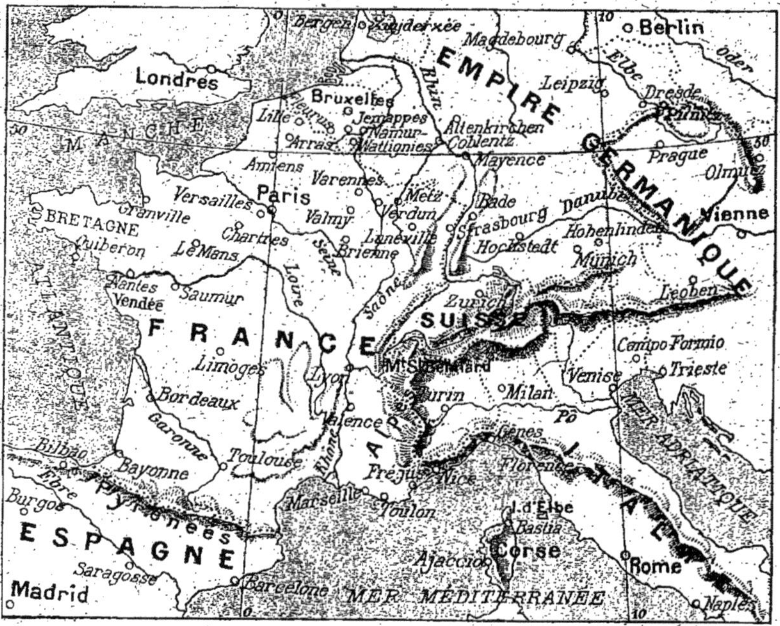

Questionnaire. — 1. Qui dirigea nos armées? — Qui les commandait? — 2. Quelles victoires remportèrent nos soldats? — Montrez sur la carte : *Wattignies, Fleurus*. — Que firent les puissances étrangères? — Qui pacifia la Vendée? — 3. Quels sont les travaux de la Convention?

Carnot fut chargé par la Convention de la direction des armées ; il sut trouver des héros, et il dressa un magnifique plan de campagne.

On lui donna le nom d'*Organisateur de la victoire*. En 1793, à Wattignies, il s'élança à la tête des troupes pour repousser les Autrichiens.

Hoche passait une partie de ses nuits à s'instruire. Il s'engagea à seize ans et devint général en chef à vingt-quatre.

Très habile, brave et généreux, Hoche mit fin à la guerre civile. Les Vendéens vaincus, déposèrent les armes en 1795.

Marceau était soldat à seize ans et général à vingt-quatre. Il s'illustra en Vendée et dans ses campagnes contre les Autrichiens.

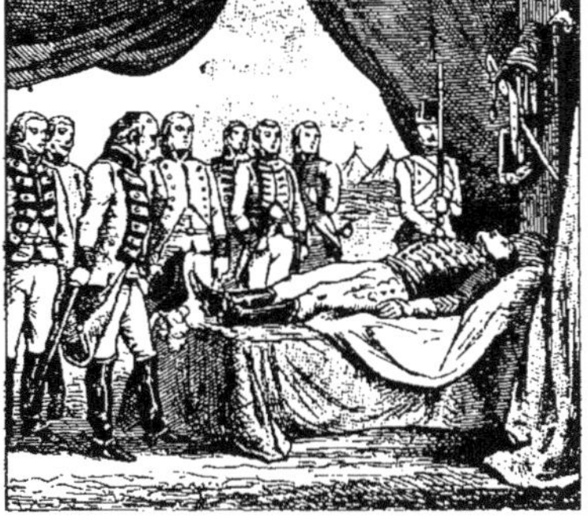

En 1796, Marceau fut mortellement blessé près d'Altenkirchen. L'état-major autrichien vint s'incliner devant le corps du jeune héros.

A la bataille d'Arcole, voyant ses soldats hésiter sous le feu de l'ennemi, Bonaparte s'élança sur le pont, un drapeau à la main, pour les entraîner (1796).

LEÇON. — *Directoire (1795-1799).*

1. Le Directoire. — La Convention fit place au Directoire, composé de cinq membres et assisté de deux assemblées : le Conseil des Anciens et le Conseil des Cinq-Cents.

2. La guerre. — L'Autriche et l'Angleterre n'avaient pas voulu faire la paix avec la France. Le Directoire attaqua d'abord les Autrichiens. Pendant que les généraux Moreau et Jourdan les combattaient en Allemagne, Bonaparte les chassait de l'Italie.

3. Campagne d'Italie. — La campagne de Bonaparte en Italie fut admirable. Il vainquit les Autrichiens à Lodi, à Castiglione, à Arcole, à Rivoli, à Mantoue. L'Autriche, effrayée de ces rapides succès, demanda la paix, qui fut signée à Campo-Formio en 1797.

LECTURE. — *Débuts de Bonaparte.*

4. Napoléon Bonaparte, né à Ajaccio (Corse) en 1769, entra dès l'âge de neuf ans comme boursier à l'École militaire de Brienne.

A quinze ans, il fut désigné pour l'École militaire de Paris; il s'y fit remarquer par son intelligence et en sortit sous-lieutenant d'artillerie. Il fuyait le monde, se retirait dans sa chambre et se livrait à des lectures continuelles.

En 1793, sa conduite au siège de Toulon, où il foudroya la flotte anglaise, attira sur lui l'attention de ses chefs, et à vingt-quatre ans il devenait général. La rapide et brillante campagne d'Italie le rendit universellement célèbre.

Élocution. — Que représente ce tableau ? — Qui gagna cette bataille ? — Sur qui fut-elle gagnée? — Où cela se passait-il? — En quelle année? — Montrez les *Pyramides* sur la carte.

LEÇON. — *Directoire* (suite).

1. Campagne d'Égypte. — Bonaparte résolut de faire la conquête de l'Égypte pour fermer à l'Angleterre la route des Indes, où elle possédait d'importantes colonies.

2. Les Pyramides. — Il partit de Toulon à la tête d'une excellente armée. Il débarqua à Alexandrie et vainquit les Turcs à la bataille des Pyramides. Mais notre flotte fut détruite par les Anglais dans la rade d'Aboukir. Bonaparte vengea cette défaite en écrasant, précisément sur la plage d'Aboukir, les Turcs et les Anglais.

3. Le 18 Brumaire. — Ayant appris que l'Europe s'était de nouveau liguée contre la France, Bonaparte quitta l'Égypte et revint à Paris. Il renversa le Directoire par le coup d'État du 18 Brumaire et s'empara du pouvoir.

LECTURE. — *Bataille des Pyramides.*

4. Les Pyramides sont des monuments qui servaient de sépultures royales aux anciens rois d'Égypte. C'est tout près de ces pyramides que Bonaparte fut attaqué par l'armée turco-égyptienne en 1798.

Les troupes françaises marchaient péniblement à travers les sables, accablées par un soleil ardent, quand tout à coup, du fond du désert, apparurent d'innombrables cavaliers ennemis. Bonaparte disposa aussitôt ses bataillons en carrés. « Soldats, leur dit-il, souvenez-vous que, du haut de ces pyramides, quarante siècles vous contemplent. » La cavalerie ennemie ne put triompher et vint inutilement se briser contre les baïonnettes françaises. — Après cette victoire, Bonaparte s'empara du Caire, capitale de l'Égypte.

Questionnaire. — 1. Pourquoi Bonaparte attaqua-t-il l'Angleterre en Egypte? — 2. Où débarqua-t-il? — Quelle bataille gagna-t-il? — Où notre flotte fut-elle vaincue? — Comment Bonaparte vengea-t-il cette défaite? — Montrez sur la carte : *Toulon*, l'*Egypte*, *Alexandrie*, le *Caire*, *Aboukir*. — 3. Pourquoi quitta-t-il l'Egypte? — Que fit-il à Paris? — 4. Que savez-vous sur la bataille des Pyramides?

Élocution. — Que représente ce tableau? — Où se trouve Marengo? — Qui gagna cette bataille?
— Sur qui fut-elle gagnée? — Quel général y fut tué? — En quelle année fut-elle livrée?

LEÇON. — *Consulat (1800-1804).*

1. Le premier consul. — Bonaparte fut nommé premier consul. Il apaisa en France les querelles politiques et organisa l'administration.

2. Victoire de Marengo. — Bonaparte continua la guerre contre l'Autriche. Il franchit les Alpes au mont Saint-Bernard; il vainquit les Autrichiens à Montebello, à Marengo, en 1800, et leur imposa le traité de Lunéville, qui donnait à la France toute la rive gauche du Rhin.

3. Paix d'Amiens. — En quittant l'Égypte, Bonaparte avait laissé le commandement à Kléber, mais celui-ci ayant été assassiné, l'Égypte fut perdue pour la France, qui signa avec l'Angleterre la paix d'Amiens en 1802.

LECTURE. — *Bataille de Marengo.*

4. Craignant de laisser échapper les Autrichiens, Bonaparte avait dispersé ses troupes dans plusieurs directions, quand tout à coup il fut attaqué, à Marengo, par les ennemis, bien supérieurs en nombre. Ses soldats résistent héroïquement, ils ne cèdent que pas à pas; mais les Autrichiens sont trop nombreux et la retraite va être commandée, quand le général Desaix, qui a entendu le canon, accourt avec ses troupes. « La bataille est perdue, dit-il à Bonaparte, mais il n'est que trois heures et nous avons le temps d'en gagner une autre. » Cela dit, il charge à la tête de ses régiments, quand une balle l'étend raide mort. Les soldats, furieux, vengent leur général en enfonçant les masses autrichiennes, qui s'enfuient de toutes parts.

Questionnaire. — 1. Que fit le premier consul? — 2. Contre qui continua-t-il la guerre? — Où les Autrichiens furent-ils vaincus? — Quel traité signèrent-ils et que nous donnait ce traité? — Montrez sur la carte, page 93, *Montebello, Marengo.* — 3. Qui succéda à Bonaparte, en Égypte? — Comment mourut Kléber? — Où la paix fut-elle signée avec l'Angleterre? — Montrez sur la carte, page 94, *Lunéville, Amiens.* — 4. Dites ce que vous savez sur la bataille de Marengo.

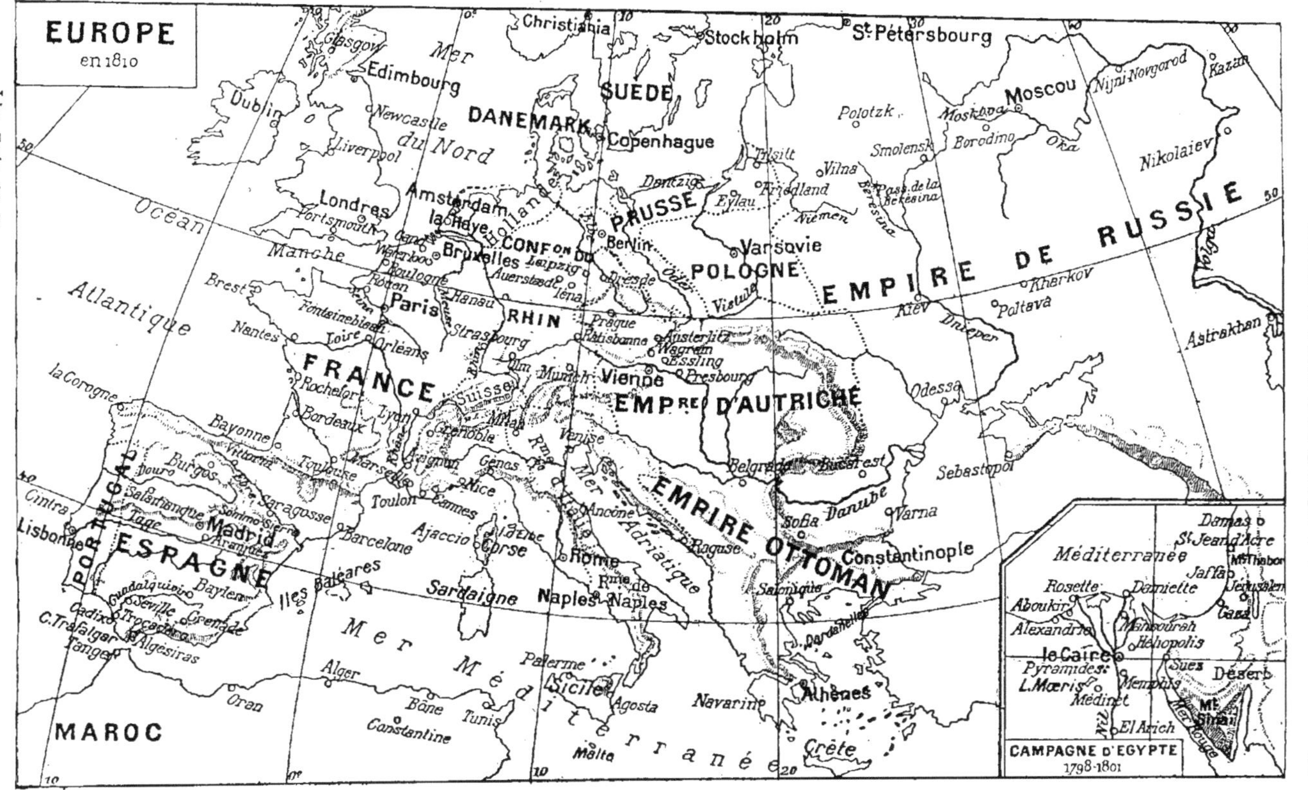

EUROPE
en 1810
EMPIRE DE RUSSIE
POLOGNE
PRUSSE
SUÈDE
DANEMARK
CONF on DU RHIN
FRANCE
EMP re D'AUTRICHE
EMPIRE OTTOMAN
ESPAGNE
PORTUGAL
MAROC
CAMPAGNE D'EGYPTE
1798-1801
Océan Atlantique
Mer du Nord
Manche
Mer Méditerranée
Mer Adriatique
Méditerranée
Mer Rouge
Glasgow
Edimbourg
Dublin
Newcastle
Liverpool
Londres
Portsmouth
Christiania
Stockholm
St Pétersbourg
Copenhague
Amsterdam
la Haye
Bruxelles
Waterloo
Boulogne
Hanau
Berlin
Dantzig
Tilsitt
Varsovie
Leipzig
Dresde
Iéna
Auerstaedt
Eylau
Friedland
Niemen
Vilna
Moskova
Borodino
Moscou
Nijni-Novgorod
Kazan
Polotzk
Smolensk
Oka
Pass. de la Bérésina
Nikolaiev
Kharkov
Kiev
Dnieper
Poltava
Astrakhan
Brest
Nantes
Paris
Fontainebleau
Rouen
Loire
Orléans
Strasbourg
RHIN
Prague
Ratisbonne
Austerlitz
Wagram
Essling
Vienne
Presbourg
Ulm
Munich
Suisse
Rochefort
Bordeaux
Bayonne
Lyon
Grenoble
Marseille
Avignon
Toulouse
Toulon
Nice
Gênes
Venise
Milan
Rive de
Ancône
Odessa
Belgrade
Bucarest
Sebastopol
Sofia
Danube
Varna
Raguse
Salonique
Constantinople
la Corogne
Cintra
Lisbonne
Madrid
Aranjuez
Somme-Sierra
Tage
Douro
Burgos
Vittoria
Salamanque
Saragosse
Baylen
Guadalquivir
Séville
Grenade
Cadix
Trocadéro
C. Trafalgar
Algésiras
Tanger
Barcelone
Baléares
Iles Baléares
Ajaccio
Corse
Sardaigne
Rome
R ne de Naples
Naples
Palerme
Sicile
Agosta
Navarin
Athènes
Crète
Alger
Oran
Bône
Tunis
Constantine
Malte
Dardanelles
Méditerranée
Rosette
Aboukir
Alexandrie
le Caire
Pyramides
L. Mœris
Médinet
Damiette
Mansourah
Héliopolis
Memphis
Sues
El Arich
Mt Sinai
Damas
St Jean d'Acre
Mt Thabor
Jaffa
Jérusalem
Gaza
Désert
Mer Rouge

Xᵉ RÉSUMÉ. — *LA RÉVOLUTION.*

Les États Généraux se *réunissent à Versailles le 5 mai 1789.* *Louis XVI s'oppose aux volontés du tiers état et ordonne aux députés de se séparer ; ceux-ci refusent d'obéir et prennent le nom d'*Assemblée Constituante. *Le peuple de Paris s'empare de la Bastille et la détruit. Les nobles, effrayés, s'en vont à l'étranger. Louis XVI veut les suivre, mais il est arrêté et ramené à Paris.*

L'Assemblée Législative *remplace la Constituante. Elle déclare la guerre à l'Autriche et à la Prusse. Le roi est enfermé dans la prison du Temple. — Les débuts de la guerre sont malheureux, mais nos soldats battent les Prussiens à Valmy (1792).*

La Convention *succède à la Législative. Elle proclame la République et condamne Louis XVI à mort. La guerre éclate avec l'Europe pendant que la guerre civile désole la France. La Convention lutte énergiquement. Les victoires de Wattignies et de Fleurus dégagent nos frontières, tandis que Hoche soumet les Vendéens.*

La Convention fait place au Directoire. *Bonaparte bat l'Autriche en Italie et lui impose le traité de Campo-Formio en 1797. Il attaque ensuite l'Angleterre en Égypte, mais pendant ce temps l'Europe se ligue contre la France. Bonaparte revient. Il renverse le Directoire le 18 brumaire 1799 et s'empare du pouvoir.*

Le Consulat *remplace le Directoire. Bonaparte, nommé premier consul, bat les Autrichiens à Marengo en 1800. Il signe avec eux la paix de Lunéville. — Les troupes françaises évacuent l'Égypte et la paix est signée avec l'Angleterre à Amiens en 1802.*

Carte du nord de l'Italie.

CHAPITRE XI. — L'EMPIRE

Le pape Pie VII vint à Paris pour sacrer Napoléon à Notre-Dame. Au moment où il allait mettre la couronne sur la tête de l'empereur, celui-ci l'enleva au pape et se couronna lui-même; il couronna ensuite l'impératrice Joséphine (2 décembre 1804).

LEÇON. — *Napoléon Ier (1804-1815).*

1. Napoléon Ier. — Bonaparte fut proclamé empereur le 18 mai 1804, sous le nom de Napoléon Ier.

2. Le camp de Boulogne. — La guerre ne tarda pas à éclater entre la France et l'Angleterre. Napoléon réunit à Boulogne une armée destinée à passer la Manche. L'Angleterre, effrayée, décida l'Autriche et la Russie à se liguer contre nous.

3. Austerlitz. — Napoléon courut en Allemagne, pénétra dans Vienne, écrasa l'armée austro-russe à Austerlitz et imposa à l'Autriche le traité de Presbourg, en 1805.

LECTURE. — *Bataille d'Austerlitz.*

4. La grande bataille d'Austerlitz eut lieu le 2 décembre 1805, jour anniversaire du couronnement de Napoléon. Les Russes et les Autrichiens, pleins de confiance, espéraient détruire facilement l'armée française, mais l'empereur les trompa par ses habiles manœuvres.

Pendant la nuit qui précéda la bataille, Napoléon visita ses soldats. Dès que ceux-ci l'eurent aperçu, ils ramassèrent de la paille et en firent des torches qu'ils placèrent au bout de leurs fusils pour éclairer ses pas. Un vieux grenadier, s'avançant vers lui, s'écria : « Sire, nous t'apporterons demain tous les drapeaux et tous les canons de l'ennemi, pour célébrer l'anniversaire de ton couronnement. » Les soldats tinrent cette promesse.

Le lendemain la bataille s'engagea, éclairée par un soleil radieux. Les Autrichiens furent écrasés, et les Russes, culbutés, s'enfuirent en désordre vers des étangs glacés où ils s'engouffrèrent.

La bataille d'Eylau est une des plus sanglantes qu'ait livrées Napoléon Ier. En visitant le champ de bataille, le lendemain de la victoire, il dit, à la vue des blessés et des morts couchés sur la neige : « Ce spectacle est fait pour inspirer aux princes l'amour de la paix et l'horreur de la guerre. »

LEÇON. — *Napoléon Ier (suite).*

1. Iéna. — La Prusse se joignit à la Russie et à l'Angleterre. Napoléon vainquit les Prussiens à Iéna en 1806; il battit ensuite les Russes à Eylau et à Friedland. Enfin, la paix fut signée à Tilsit en 1807.

2. Enorgueilli par tant de victoires, Napoléon crut pouvoir dicter des lois à l'Europe. Il donna des royaumes et des duchés à ses parents et à ses généraux.

3. Guerre d'Espagne. — En 1808, il plaça sur le trône d'Espagne son frère Joseph; aussitôt les Espagnols se révoltèrent et commencèrent une guerre qui, pendant cinq ans, dévora les meilleures troupes de Napoléon.

LECTURE. — *Bataille d'Iéna.*

4. Depuis longtemps, une haine profonde existait entre la France et la Prusse. Celle-ci attendait avec impatience le moment de nous faire la guerre. Chaque jour sa jeune reine, vêtue en hussard, passait à cheval devant les troupes pour réveiller leur enthousiasme et leur haine contre la France.

Dès que la Prusse se fut déclarée contre nous, Napoléon quitta l'Autriche pour marcher contre ses nouveaux ennemis. « Messieurs, dit-il à ses généraux, les Prussiens nous donnent un rendez-vous d'honneur, jamais un Français n'y a manqué. Mais comme on dit qu'il y a une belle reine qui veut être témoin des combats, soyons courtois et marchons sans nous coucher jusqu'en Prusse. »

Il rencontra les ennemis à Iéna et les battit à plate couture. Ce ne fut plus une défaite, mais un désastre, où nos troupes firent des prisonniers par milliers et enlevèrent une grande quantité de canons.

Elocution. — Que représente ce tableau? — Où se trouve Saragosse? — Qui s'empara de la ville? — Fut-elle bien défendue? — Qui commandait les Français? — En quelle année eut lieu ce siège?

LEÇON. — *Napoléon Ier (suite).*

1. Wagram. — L'Angleterre entraîna l'Autriche dans une nouvelle guerre, pendant que Napoléon était en Espagne. L'empereur marcha aussitôt sur Vienne, gagna sur les Autrichiens la bataille de Wagram, et les obligea à signer la paix de Vienne en 1809.

2. Grandeur de l'empire. — En 1810, Napoléon fit rompre son mariage avec l'impératrice Joséphine, et il épousa Marie-Louise, fille de l'empereur d'Autriche. De cette union naquit un fils, qui reçut le titre de roi de Rome.

L'empire français était alors au faîte de sa gloire; il comptait cent trente départements.

LECTURE. — *Guerre d'Espagne.*

3. Napoléon avait mécontenté les Espagnols, en voulant leur donner pour roi son frère Joseph. Toute l'Espagne se souleva et l'empereur eut à soutenir contre elle une lutte opiniâtre et sanglante. Les marches étaient pénibles dans ce pays de montagnes; les ennemis, cachés dans les gorges ou derrière les rochers, attaquaient les convois et tuaient facilement nos soldats isolés.

La ville de Saragosse soutint pendant deux mois un siège héroïque. Les Français, commandés par l'intrépide maréchal Lannes, durent s'emparer de chaque rue et de chaque maison (1809).

Napoléon franchit lui-même les Pyrénées; il vainquit les Espagnols dans plusieurs combats, mais il ne put les obliger à déposer les armes, et les Français se virent forcés d'évacuer l'Espagne en 1813.

Questionnaire. — 1. Quelles batailles gagna Napoléon sur l'Autriche? — Où et quand fut signée la paix? — Montrez *Wagram, Vienne,* sur la carte. — 2. Qui épousa Napoléon en 1810? — Quel titre reçut son fils? — Combien de départements comptait alors l'empire français? — 3. Que savez-vous sur la guerre d'Espagne? — Montrez *Saragosse* sur la carte.

Les cosaques, farouches cavaliers de l'armée russe, harcelaient sans cesse nos malheureux soldats demi-morts de froid et de misère. Les malades et les blessés étaient abandonnés dans les neiges. Le maréchal Ney, toujours à l'arrière-garde, s'illustra par son courage.

LEÇON. — *Napoléon Iᵉʳ (suite).*

1. Campagne de Russie. — Un désaccord étant survenu entre Napoléon et le tsar, Napoléon déclara la guerre à la Russie. Il envahit ce pays à la tête d'une armée formidable et entra vainqueur dans Moscou. Mais les Russes incendièrent la ville, et Napoléon fut obligé de battre en retraite. Cette retraite fut désastreuse : presque tous les soldats périrent de froid et de misère.

2. Campagne d'Allemagne. — Nos désastres en Russie et en Espagne furent le signal d'une coalition générale. Napoléon part de nouveau pour l'Allemagne; il est vainqueur à Dresde, mais il perd la bataille de Leipzig en 1813, et la France est envahie.

LECTURE. — *Retraite de Russie.*

3. Napoléon était parti pour la Russie avec une armée de cinq cent mille hommes. Il était entré dans Moscou après avoir battu les Russes sur les bords de la Moskova. Mais ceux-ci, pour enlever aux Français leur conquête, mirent le feu à la ville, qui fut détruite. Napoléon ordonna de battre en retraite sur la France.

Nos soldats marchaient à travers les neiges, harcelés nuit et jour par l'ennemi; les vivres manquaient et le froid était excessif. Le passage de la Bérésina sous le feu des Russes dura trois jours. Quarante mille soldats à peine purent regagner la France.

Questionnaire. — 1. Pourquoi éclata la guerre avec la Russie? — Qu'arriva-t-il pendant cette campagne? — 2. Quelle fut la conséquence de nos désastres en Russie et en Espagne? — Où se dirigea Napoléon? — Quelle victoire remporta-t-il? — Où fut-il vaincu? — Qu'arriva-t-il après la bataille de Leipzig? — Montrez *Dresde, Leipzig* sur la carte. — 3. Que savez-vous sur la retraite de Russie? — Montrez sur la carte : la *Moskova, Moscou,* la *Bérésina.*

Anglais, Allemands, Russes, Autrichiens, etc., vinrent assiéger Paris en 1814. Les campagnards des environs se réfugièrent dans la capitale avec leurs meubles et leurs bestiaux. Paris, qui n'était pas fortifié, ne se rendit qu'après une héroïque résistance.

LEÇON. — *Napoléon Ier (suite).*

1. Campagne de France. — Napoléon déploya tout son génie pour chasser les ennemis de France. Il les vainquit dans plusieurs batailles, mais il dut céder au nombre. Il abdiqua à Fontainebleau et s'embarqua pour l'île d'Elbe.

2. Louis XVIII. — Le frère de Louis XVI monta sur le trône sous le nom de Louis XVIII ; son entourage le rendit si impopulaire que Napoléon revint en France.

3. Waterloo. — La guerre recommença. Vaincu à Waterloo par les Anglais et les Prussiens, en 1815, Napoléon abdiqua une seconde fois, et il mourut dans l'île Sainte-Hélène, où les Anglais l'avaient emmené prisonnier (1821).

LECTURE. — *Bataille de Waterloo.*

4. Napoléon attaqua les Anglais près du village de Waterloo en 1815. Les Anglais se défendirent bravement ; cependant ils allaient être mis en déroute quand, tout à coup, les Prussiens arrivèrent sur le champ de bataille. Nos soldats, harassés de fatigue, se conduisirent en héros, mais ils ne purent lutter contre des adversaires trop supérieurs en nombre et furent vaincus.

La vieille garde refusa de battre en retraite. Elle se forma en carrés et résista longtemps aux masses ennemies. Les Anglais, admirant l'héroïsme de ces braves, leur crièrent : « Rendez-vous ! — La garde meurt et ne se rend pas, » répondit le général Cambronne.

Questionnaire. — 1. Napoléon réussit-il à repousser les ennemis ? — Quelle détermination prit-il ? — 2. Montrez *Fontainebleau, l'île d'Elbe,* sur la carte. — Qui remplaça Napoléon sur le trône ? — Qu'arriva-t-il ? — 3. Où fut vaincu Napoléon ? — Par qui ? — Où mourut-il ? — Montrez *Waterloo* sur la carte. — 4. Dites ce que vous savez sur la bataille de Waterloo.

XIe RÉSUMÉ. — *L'EMPIRE.*

En 1804, Bonaparte est proclamé empereur sous le nom de NAPOLÉON Ier. Il veut faire une descente en Angleterre, mais l'Autriche et la Russie lui déclarent la guerre. Il bat leurs armées à Austerlitz et signe avec l'Autriche la paix de Presbourg, en 1805.

Napoléon Ier,
empereur des Français.

La Prusse se déclare contre la France. Napoléon l'écrase à Iéna; il bat les Russes à Eylau, à Friedland, et la paix est conclue à Tilsit en 1807.

En 1808, la guerre éclate en Espagne, où Napoléon veut que son frère Joseph occupe le trône. Cette lutte, qui dure cinq ans, dévore nos meilleurs soldats.

L'Autriche, conseillée par l'Angleterre, nous déclare la guerre. Napoléon la bat à Wagram et lui impose la paix de Vienne, en 1809.

En 1810, il est au faîte de sa gloire; il épouse alors Marie-Louise.

En 1812, il attaque la Russie. D'abord heureuse, cette campagne se termine par une retraite lamentable.

En 1813, Napoléon est vainqueur à Dresde, mais il est vaincu à Leipzig.

En 1814, la France est envahie. L'empereur bat les ennemis dans plusieurs combats, mais il est forcé d'abdiquer et se retire à l'île d'Elbe.

Louis XVIII monte sur le trône; son entourage le rend impopulaire et Napoléon revient en France. Mais les alliés l'attaquent de nouveau; il est

Avant de partir pour l'île d'Elbe, en 1814, Napoléon fit ses adieux à sa garde dans la cour du château de Fontainebleau.

vaincu à Waterloo en 1815 et se rend aux Anglais qui l'emmènent prisonnier à Sainte-Hélène, où il meurt en 1821.

En 1805, Napoléon vainquit l'armée austro-russe à Austerlitz. Les Russes s'enfuirent en désordre vers des étangs glacés, où ils périrent.

L'armée prussienne, fière et orgueilleuse, se croyait la première du monde. Napoléon l'écrasa à la bataille d'Iéna, en 1806.

Après avoir battu les Russes à Eylau et à Friedland, Napoléon signa la paix avec le tsar, à Tilsit, sur un radeau construit au milieu du fleuve le Niémen (1807).

Il vainquit les Autrichiens à Wagram en 1809 et fut, après cette victoire, le souverain le plus puissant du monde; mais son ambition mit toute l'Europe contre lui.

En 1812, Napoléon envahit la Russie et s'empara de Moscou. Les Russes brûlèrent la ville, et l'empereur ordonna la retraite, qui fut désastreuse pour son armée.

En 1815, il fut vaincu à Waterloo. La vieille garde refusa de déposer les armes : « La garde meurt et ne se rend pas », répondit le général Cambronne qui la commandait.

Après Waterloo, les alliés, ou soldats de toutes les puissances liguées contre nous, entrèrent de nouveau dans Paris, où ils campèrent, et ils rétablirent les Bourbons sur le trône de France.

LEÇON. — *Louis XVIII (1815-1824).*

1. La Restauration. — Après Waterloo, en 1815, la dynastie des Bourbons fut rétablie, *restaurée*, sur le trône. C'est ce qu'on appelle la Restauration.

Louis XVIII, roi de France.

2. Louis XVIII. — Louis XVIII, qui avait quitté la France lors du retour de Napoléon de l'île d'Elbe, régna de nouveau. Il dut signer, avec les alliés, le traité de Paris qui nous enlevait toutes les conquêtes de la Révolution et de l'Empire, si bien que notre pays, après tant de guerres, se trouva ramené à ses frontières de 1789.

LECTURE. — *La Terreur blanche.*

3. Après le rétablissement des Bourbons, les royalistes ne surent pas se montrer généreux pour les hommes qui avaient servi la Révolution et l'Empire.

A la Chambre des députés, ils votèrent des lois extrêmement sévères, et le brave maréchal Ney fut condamné à être fusillé.

Dans les départements du Midi, les royalistes se livrèrent à des excès et à des atrocités que l'on a désignés sous le nom de *Terreur blanche.* Des bandes d'hommes exaltés mirent ces départements à feu et à sang.

Louis XVIII, effrayé, dut prendre des mesures contre le zèle coupable de ses partisans.

Questionnaire. — 1. Quelle dynastie remonta sur le trône après Waterloo? — Comment appelle-t-on ce rétablissement? — 2. Qui fut roi? — Quel traité signa Louis XVIII? — Que nous enlevait ce traité? — 3. Est-ce que les royalistes se montrèrent généreux? — Qui fut condamné à être fusillé? — Que se passa-t-il dans les départements du Midi? — Que fit Louis XVIII?

Le fort de l'Empereur, construit par Charles-Quint en 1541, était la principale forteresse d'Alger. Les Arabes le défendirent bravement, et quand ils furent sur le point d'être pris, ils le firent sauter pour enlever aux Français leur conquête.

LEÇON. — *Charles X (1824-1830).*

1. Charles X. — Louis XVIII étant mort en 1824, son frère, Charles X, lui succéda. Ce roi voulut rétablir l'ancienne monarchie, mais la France refusa de se soumettre à ses volontés.

2. Campagne de Grèce. — Sous son règne, la France, alliée à l'Angleterre et à la Russie, aida la Grèce à secouer le joug de la Turquie. La flotte turque fut vaincue à Navarin, et la Grèce fut proclamée indépendante.

3. Chute des Bourbons. — Une insurrection eut lieu à Paris en juillet 1830, et Charles X, obligé de quitter le trône, mourut en exil.

LECTURE. — *Prise d'Alger.*

4. Depuis plusieurs siècles, la ville d'Alger était un nid de pirates. Ces hardis corsaires, bien armés et montés sur de légers vaisseaux, arrêtaient au passage les navires marchands. Ils les pillaient, s'emparaient de ceux qui les montaient et les vendaient comme esclaves.

Charles X, roi de France.

Louis XIV fit, à deux reprises, bombarder la ville d'Alger, qui fut à moitié détruite.

Sous le règne de Charles X, les Algériens avaient recommencé à piller les bâtiments français. Leur dey, c'est-à-dire leur chef, refusa d'entendre les justes réclamations qui lui furent faites; il s'emporta, et, jetant son éventail à la figure de l'envoyé du roi, il lui ordonna de sortir de son palais. La France vengea cet affront en s'emparant d'Alger et en détruisant ce repaire de pirates, en 1830.

Après quinze ans de lutte, l'émir Abd-el-Kader fit sa soumission à la France, en 1847.

LEÇON. — *Louis-Philippe (1830-1848).*

Louis-Philippe,
roi des Français.

1. Louis-Philippe. — Louis-Philippe, duc d'Orléans, monta sur le trône en 1830. Il aida la Belgique à se séparer de la Hollande et entreprit la conquête de l'Algérie, qui fut achevée en 1847.

2. Fin de la royauté. — A cette époque, les riches avaient seuls le droit de voter. La France voulut que tout honnête homme, riche ou pauvre, pût être électeur. Le roi s'y étant opposé, une révolution éclata en 1848, et Louis-Philippe dut s'enfuir à l'étranger.

LECTURE. — *Conquête de l'Algérie.*

3. Pendant la conquête de l'Algérie, qui fut longue et difficile, nos officiers se couvrirent de gloire et nos soldats se conduisirent en héros.

De leur côté, les Arabes se défendirent avec une opiniâtreté admirable. Un de leurs chefs, l'émir Abd-el-Kader, soldat intrépide et général habile, fut un adversaire redoutable pour nos troupes, contre lesquelles il lutta pendant quinze ans. Cependant, vaincu et cerné de toutes parts, il se rendit en 1847 et fut dès lors un fidèle ami de la France.

Le maréchal Bugeaud eut une large part dans la conquête de l'Algérie, qui nous a coûté tant d'or et de sang.

Questionnaire. — 1. Qui monta sur le trône en 1830? — Quelles guerres fit la France? — Montrez la *Belgique*, la *Hollande*, l'*Algérie* sur la carte. — 2. Qui avait le droit de voter à cette époque? — Que voulait la France? — Qu'arriva-t-il? — 3. Que savez-vous sur la conquête de l'Algérie?

Après un assaut terrible les Français prirent la tour de Malakoff, forteresse principale de Sébastopol.

LEÇON. — *2ᵉ République* (1848-52). — *Napoléon III* (1852-70).

1. Seconde République. — La République fut proclamée en 1848 et Louis-Napoléon, neveu de Napoléon Iᵉʳ, fut élu président. Mais, le 2 décembre 1851, il renversa la République et, un an après, il devint empereur des Français sous le nom de Napoléon III.

Napoléon III,
empereur des Français.

2. Napoléon III. — En 1854, Napoléon III s'entendit avec l'Angleterre et la Turquie pour empêcher les Russes de s'emparer de Constantinople. Cette guerre, appelée *guerre de Crimée* ou d'*Orient*, et pendant laquelle les Russes furent vaincus à Sébastopol, se termina par le traité de Paris en 1856.

LECTURE. — *Siège de Sébastopol.*

3. Les Russes avaient élevé autour de Sébastopol des ouvrages de défense formidables. Français et Anglais entreprirent néanmoins le siège de cette place de guerre, bravant pendant près d'une année le froid, le choléra et la mitraille.

Les Russes se défendirent avec héroïsme, réparant les brèches et faisant de nombreuses sorties. Enfin, après un assaut terrible, les Français s'emparèrent de la tour Malakoff, la forteresse principale. Alors Sébastopol tomba en notre pouvoir et les Russes durent s'avouer vaincus, mais sans nous garder rancune. Français et Russes avaient appris, sur les champs de bataille, à s'estimer, non à se haïr.

Questionnaire. — 1. En quelle année fut proclamée la seconde République ? — Qui fut nommé président ? — Que fit Louis-Napoléon ? — Sous quel nom fut-il nommé empereur ? — 2. Quelle guerre entreprit-il en 1854 ? — Avec qui s'allia-t-il ? — Pourquoi fit-il cette guerre ? — Comment se termina-t-elle ? — Montrez sur la carte : l'*Angleterre*, la *Turquie*, la *Russie*, *Sébastopol*.

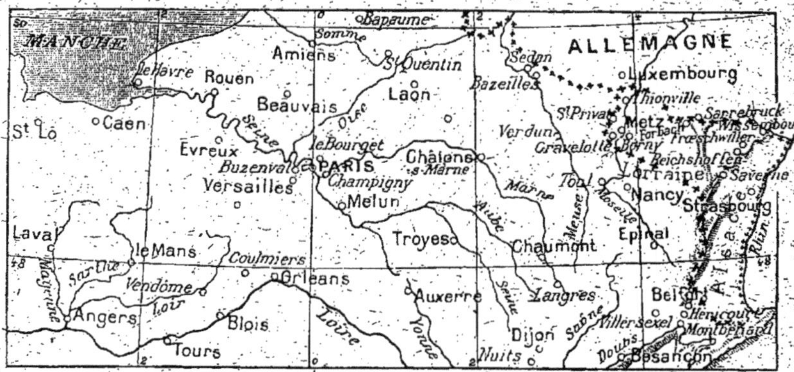

1. Guerre d'Italie. — En 1859, Napoléon III aida le Piémont à chasser les Autrichiens de l'Italie. Les Autrichiens furent battus à Magenta et à Solférino. A la suite de ces victoires, la France acquit Nice et la Savoie.

2. Chute de l'Empire. — D'autres guerres eurent lieu : en Syrie, en Cochinchine, en Chine et au Mexique. Elles affaiblirent notre pays ; aussi, lorsque les hostilités éclatèrent, en 1870, entre la France et la Prusse, nos armées essuyèrent une succession de défaites. La capitulation de Sedan amena la chute de l'Empire et la République fut proclamée.

LECTURE. — *La Guerre de 1870.*

3. Nos armées étaient mal préparées à soutenir une guerre, en 1870 ; nos soldats manquaient de tout et ils étaient moins forts en nombre, moins bien organisés que les Prussiens. Malgré des prodiges de valeur, ils furent vaincus à Wissembourg, à Reichshoffen, et Napoléon III se rendit prisonnier à Sedan.

La République fut proclamée à Paris le 4 septembre 1870 ; elle improvisa des régiments sur la Loire, mais la capitulation de Metz permit à l'ennemi d'accourir avec des forces nouvelles. Paris, soumis aux souffrances du siège et aux horreurs du bombardement, se rendit quand il n'eut plus de pain. — Par la paix de Francfort (1871), la France dut payer cinq milliards à la Prusse et lui abandonner l'Alsace, ainsi qu'une partie de la Lorraine.

Questionnaire. — 1. Que savez-vous sur la guerre de 1859 ? — Montrez sur la carte, page 94, le *Piémont, Magenta, Solférino, la Savoie, Nice.* — 2. Quelles autres guerres entreprit Napoléon ? — Quels furent les résultats de ces guerres ? — Qu'arriva-t-il en 1870 ? — 3. Dites ce que vous savez sur la guerre de 1870-1871 ? — Voir sur la carte : *Wissembourg, Reichshoffen, Sedan, Metz.* — Quelles ont été les clauses de la paix de Francfort ? — Montrez *Francfort* sur la carte, page 77.

LEÇON. — *Troisième République.*

1. Libération du territoire. — Les Prussiens devaient rester en France tant que l'indemnité de 5 milliards ne leur serait pas payée. Thiers

Thiers
de 1871 à 1873.

Mac-Mahon
de 1873 à 1879.

Jules Grévy
de 1879 à 1887.

Carnot
de 1887 à 1894.

sut trouver l'argent nécessaire pour hâter la libération du territoire.
2. La Constitution de 1875. — La République ne put être définiti-

Casimir-Périer
de 1894 à 1895.

Félix Faure
de 1895 à 1899.

Émile Loubet
de 1899 à 1906.

Armand Fallières
de 1906 à 1913.

vement organisée qu'en 1875 : à la tête du gouvernement est un *président de la République*, assisté de plusieurs *ministres*; les lois sont faites et votées par la *Chambre des députés* et le *Sénat*, qui forment le *Parlement*.

La République a reconstitué l'armée, agrandi notre domaine colonial et développé l'instruction publique.

Raymond Poincaré
depuis le 18 février 1913.

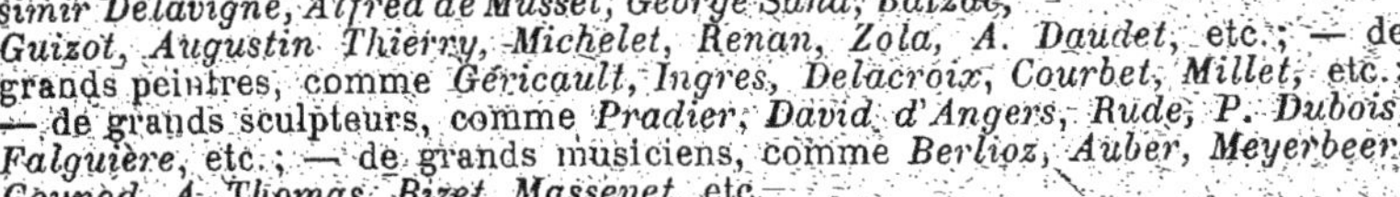

LECTURE.

Progrès des Sciences et de l'Industrie.

3. La littérature a compté au XIXᵉ siècle de grands écrivains : *Chateaubriand, Victor Hugo, Lamartine, Casimir Delavigne, Alfred de Musset, George Sand, Balzac, Guizot, Augustin Thierry, Michelet, Renan, Zola, A. Daudet*, etc.; — de grands peintres, comme *Géricault, Ingres, Delacroix, Courbet, Millet*, etc.; — de grands sculpteurs, comme *Pradier, David d'Angers, Rude, P. Dubois, Falguière*, etc.; — de grands musiciens, comme *Berlioz, Auber, Meyerbeer, Gounod, A. Thomas, Bizet, Massenet*, etc.

Le XIXᵉ siècle est aussi le siècle de l'industrie, et les recherches des savants, tels que *Pasteur*, ont été vraiment utiles à l'humanité. La navigation à vapeur et les chemins de fer se sont puissamment développés. L'éclairage au gaz, dû à *Philippe Lebon*, est aujourd'hui distancé par la lumière électrique. *Jacquart* a inventé le métier à tisser. *Ampère et Arago* ont préparé l'invention du télégraphe, qui a trouvé un rival précieux dans le téléphone. Le début du XXᵉ siècle a vu la télégraphie sans fil, les ballons dirigeables, les aéroplanes, etc.

TABLE CHRONOLOGIQUE DES MATIÈRES

Paris. — Imp. LAROUSSE, 17, rue Montparnasse.

www.ingramcontent.com/pod-product-compliance
Ingram Content Group UK Ltd.
Pitfield, Milton Keynes, MK11 3LW, UK
UKHW020911120726
13693UKWH00003B/992